ERLEBTES EUROPA

Herausgegeben von
Helmut Brandstätter

ERLEBTES EUROPA

14 MENSCHEN
3 GENERATIONEN
1 EUROPA

KREMAYR & SCHERIAU

Inhaltsverzeichnis

Vorwort

Es war im Sommer 1961, ich war sechs Jahre alt, meine Familie wohnte im 6. Wiener Gemeindebezirk, auf der Mariahilfer Straße, nicht weit vom Westbahnhof entfernt. Spaziergänge auf der breiten Einkaufsstraße mit den vielen Geschäften waren für uns Kinder immer ein Abenteuer.

Nur an diesem einen Tag im August war alles anders: „Stellt euch vor, wenn man hier in der Mitte der Straße plötzlich eine Mauer bauen würde", sagte unsere Mutter zu uns. Meine Schwester und ich verstanden sie nicht, erst später begriff ich, dass das der 13. August 1961 war, der Tag, an dem mitten in Berlin mit dem Bau der Mauer begonnen wurde. 28 Jahre später saß ich als Bonner ORF-Korrespondent im Warsaw Marriott Hotel bei einem Hintergrundgespräch mit dem deutschen Bundeskanzler Helmut Kohl. Plötzlich wurde es unruhig, erste Meldungen über die Öffnung der Mauer, des Symbols der Teilung Deutschlands und Europas, trafen ein. Vom friedlichen Aufstand der Menschen in der DDR mit den immer größer werdenden Demonstrationen hatte ich bereits mehrfach berichtet, jetzt spürten wir in Warschau die Aussicht auf das Ende des Kalten Krieges und die Bevölkerung der DDR den Beginn von Freiheit und Demokratie. Und wieder 33 Jahre später stand ich in Butscha, wo zuvor Massengräber entdeckt worden waren, und hörte einem weinenden Dolmetscher zu. Er erklärte uns im Detail, wie Soldaten der russischen Armee über 1000 ukrainische Zivilpersonen gefoltert und getötet hatten.

Im Jahr 1955 geboren, bezeichne ich meine Generation als die glücklichste, die je in Österreich aufgewachsen ist. Krieg und Hunger kannten wir nur aus Erzählungen, erlebt haben wir hingegen neue Freiheiten, wachsenden Wohlstand, Reisen, Studien im Ausland und das Ende von Stacheldraht und gegenseitiger Bedrohung. Und wir konnten lernen: Wir hörten noch persönlich die Berichte von Opfern des nationalsozialistischen Terrors, wie schnell aus Hetze, Ausgrenzung und Entmenschlichung millionenfacher Mord wurde. Die Kriege am Balkan haben uns dann gezeigt, dass wieder Tragödien entstehen, wenn die neue Freiheit den alten Nationalismus nicht bändigen kann, und dass Verhetzung aus Nachbar:innen Feinde machen kann. Der Zerfall der Sowjetunion wiederum hat uns vorgeführt, dass zu Demokratie und Rechtsstaat mehr gehört als die Abschaffung der kommunistischen Mangelwirtschaft. Putins Angriff auf den Nachbarn Ukraine, dessen Grenzen Russland 1994 garantiert hatte, brachte die Zeitenwende. Plötzlich war wieder Krieg in Europa, ein Krieg, der sich freilich angekündigt hatte.

Jetzt erlebt auch meine, die glücklichste Generation unweit unserer Grenzen den ganzen Wahnsinn eines Krieges, mit Angriffen auf zivile Einrichtungen, Vertreibung, Flucht und Hass. Und so leben nun in Europa drei Generationen mit völlig unterschiedlichen Erfahrungen und auch unterschiedlichen Erwartungen. Wer vor oder um 1940 geboren wurde, hat noch Erinnerungen an Krieg, Mangelwirtschaft und

Wiederaufbau. Meine Generation erlebte den Wandel von der Teilung zur Einigung ohne Grenzbalken. Die Jüngeren, nach 1990 geborenen, kennen nur ein einiges Europa und müssen in Büchern über die Schrecken des Zweiten Weltkriegs und die Verhetzung in der Nazi-Zeit nachlesen, weil es immer weniger Personen erzählen können.

Nun, nach einem jungen Leben im friedlichen Europa, sehen auch sie, wie nicht weit von Österreich entfernt ein grausamer Krieg geführt wird. Am 24. Februar 2022 hat Putin Europa wieder in einen Kriegsschauplatz verwandelt. Mit Schützengräben wie im Ersten Weltkrieg, mit modernen Kampfdrohnen und mit archaischer Brutalität bedroht ein Diktator den ganzen Kontinent, weil er uns zeigt, wie brüchig Frieden ist.

Der 7. Oktober 2023, der Überfall der Hamas-Terroristen auf Israel, hat nicht nur zu einem weiteren Krieg im Nahen Osten geführt, sondern führt uns vor Augen, mit welchen Auswirkungen demokratische Systeme den autoritären gegenüberstehen. Mit direkten Auswirkungen sogar auf Europas Straßen. Zuwanderer:innen aus islamischen Ländern, die ja vor Diktaturen geflohen sind, demonstrierten hier für Terroristen der Hamas. Wer hier die Augen verschließt, gefährdet unser freies Lebensmodell in Europa, wo wir Demokratie und Rechtsstaat nach vielen Irrwegen für selbstverständlich und auch irreversibel gehalten haben. Europa ist der attraktivste Kontinent, doch diesen Frieden und Zusammenhalt müssen wir gemeinsam erhalten.

Dabei müssen wir verstehen, dass wir von allen Krisen weltweit betroffen sind, sie hängen meistens miteinander zusammen. Also müssen wir uns auch darum kümmern. Kleinkinder glauben, dass man sie nicht sieht, wenn sie die Augen schließen. Europa ist erwachsen geworden, mit allen Konsequenzen.

Ich bin allen Autorinnen und Autoren dieser drei Generationen sehr dankbar, dass sie hier ihre Erfahrungen und ihre Erwartungen an unser Europa teilen. Dabei war mir wichtig, dass auch Frauen und Männer aus Staaten des Balkans, der Ukraine und Russland Texte beitragen. So lesen Sie hier ganz unterschiedliche Erlebnisse, aber auch verschiedene Vorstellungen, wie sich Europa entwickeln könnte – eine Vision –, oder wie sich unser Kontinent in Zukunft entwickeln wird.

Bilder, Erlebnisse, Geschichte, Persönlichkeiten, Vision und Zukunft: Viele der Beitragenden zu diesem Buch sind meinem Modell gefolgt, ihre Gedanken in diese sechs Kapitel aufzuteilen. Einige haben ihre Erinnerungen anders gegliedert. Mit Hannes Androsch habe ich ein umfangreiches Gespräch geführt, in dem sein vielfältiges Leben und seine Erfahrungen in starken Bildern vor uns sichtbar werden. Für die Textredaktion der Beiträge geht mein Dank an Clara Schermer von vielseitig.

Und weil uns allen die Zukunft der jungen Generation am Herzen liegt, haben die Autor:innen auf ein Honorar verzichtet. Unter den Käufer:innen werden von Februar bis April 2024 im Zuge eines Gewinnspiels Interrail-Tickets verlost. Die Teilnahmebedingungen finden sich unter www.kremayr-scheriau.at. Der Verlag Kremayr & Scheriau leistet dazu einen Anteil. Auch dafür vielen Dank.

Helmut Brandstätter

Hannes Androsch

IM GESPRÄCH MIT HELMUT BRANDSTÄTTER

Helmut Brandstätter — Herr Dr. Androsch, Sie haben als Kind noch den Zweiten Weltkrieg erlebt, dann den Wiederaufbau, an dem Sie als Finanzminister und Vizekanzler unter Bruno Kreisky auch stark beteiligt waren. Nicht zuletzt aufgrund der Aufbauarbeit Ihrer Generation nahm Österreich, nahm ganz Europa einen unerwarteten Aufstieg. Zudem war Europa für junge Menschen – bis vor kurzem jedenfalls – ein friedlicher Kontinent, ein Kontinent ohne Grenzen. Die europäischen Förderprogramme *Erasmus* und *Erasmus Plus* haben viele zum Studium und zur Lehre in andere europäische Länder gebracht. Junge Menschen kennen folglich nur ein offenes Europa. Wie können Sie jungen Leuten erklären, was Krieg für Sie als Kind damals bedeutet hat?

Hannes Androsch — Am 12. März 1938 marschierte auf äußerst unbeholfene Weise die Wehrmacht des nationalsozialistischen Deutschlands in Österreich ein, annektierte unser Land und bezeichnete den aggressiven Akt irreführrenderweise als „Anschluss". Diese Behauptung wurde allerdings durch die Moskauer Deklaration vom 30. Oktober 1943 widerlegt [Anm.: der „Anschluss" wurde darin für ungültig erklärt]. Als ich aber am 18. April 1938 zur Welt kam, wurde ich aufgrund der Annexion Österreichs im Deutschen Reich geboren. Allerdings erhielt ich nach dessen Untergang automatisch die österreichische Staatsbürgerschaft. Anders war es bei dem berühmten Maler Oskar Kokoschka, dem die österreichische Staatsbürgerschaft im Dritten Reich aberkannt worden war, was er jedoch nie akzeptiert hatte und weshalb er auch nicht bereit war, einen formellen Antrag auf Wiedererlangung zu stellen, worauf aber der damalige Innenminister Otto Rösch aus formalen Gründen bestand. Als Rösch dann eine seiner seltenen Auslandsreisen machte, nutzte Bruno Kreisky die Gelegenheit, um im Ministerrat für Oskar Kokoschka den Antrag zu stellen, der dann auch sofort bewilligt wurde. So hat Oskar Kokoschka seine aus seiner Sicht ohnehin nie verlorengegangene österreichische Staatsbürgerschaft wiedererlangt.

Das kurze 20. Jahrhundert – das Zeitalter der Extreme, wie es der berühmte britische Historiker mit Wiener Wurzeln, Eric Hobsbawm, genannt hat – bedeutete in seiner ersten Hälfte für Europa die Katastrophe von zwei Weltkriegen, einer verheerenden Zwischenkriegszeit, unter anderem weil sich Amerika nach 1918 wieder in Isolation begeben hatte, mit unvorstellbaren Zerstörungen, Millionen Opfern und der Vernichtung der europäischen Juden in der Shoa, sowie verbunden mit einem gewaltigen Bedeutungsverlust Europas, der nie mehr behoben wurde. Dies war die tragische erste Hälfte des Zeitalters der Extreme. In der zweiten Hälfte erlebte Europa einen ungeahnten wirtschaftlichen Wiederaufstieg, allerdings begleitet von politischer Bedeutungslosigkeit und getrennt aufgrund der Zweiteilung des Kontinents durch den Eisernen Vorhang. Der westliche Teil, zu dem trotz zehnjähriger Besatzung Österreich zählte, konnte sich mittels amerikanischer Unterstützung und US-Sicherheitsschirm wirtschaftlich erholen. Dies hat sich bis heute nicht geändert.

Den Krieg mit seinen Bomben, Zerstörungen und seinen Opfern und der kriegswirtschaftlichen Mangelwirtschaft mit Lebensmittelkarten habe ich als Kind schon bewusst erlebt. Unweit des Siedlungshauses meiner Großeltern und Eltern war eine Luftabwehrkaserne der deutschen Wehrmacht. Wenn die Sirenen heulten, mussten wir in den Keller gehen und hoffen, nicht getroffen zu werden. Nach dem Krieg wurde die Kaserne dann für die nächsten zehn Jahre der Besatzungszeit von der Sowjetarmee übernommen.

Aufgewachsen bin ich in einer schon seit dem 1.-Mai-Aufmarsch des Jahres 1890 sozialdemokratischen und antifaschistischen Familie. Sie musste ihre Erfahrungen in den Tagen des 12. Februar 1934 machen, als die Gemeindewohnung meiner Eltern in Floridsdorf von der Artillerie des Bundesheeres schwer getroffen, einer meiner Großväter eingesperrt und ein Freund von ihm wie Wallisch und Münichreiter justifiziert wurde [Anm.: Die Schutzbund-Widerstandskämpfer Koloman Wallisch und Karl Münichreiter wurden in den Tagen nach den „Februarkämpfen" wie sieben weitere Männer zum Tode verurteilt und hingerichtet]. Meine eigene diesbezügliche Prägung erfuhr ich im Frühsommer des Jahres 1944, als ich nahe unserer Siedlung am Rande eines Ackers auf zwei Hitlerjungen in entsprechender Uniform traf. Ich kannte einen von ihnen. Der andere zwang mich mit seinem Hitlerdolch in der Hand, Gras und Erde zu schlucken.

Kurz nach Beginn meiner Schulzeit, als meine Mutter schon hochschwanger war, zogen wir zu bäuerlichen Verwandten nach Piesling in Südmähren, um der Bombengefahr zu entgehen. Als Folge davon besuchte ich nach wenigen Wochen bereits die zweite Klasse Volksschule. Der Lehrer dort war ein strenger und brutaler SA-Angehöriger, der in Uniform unterrichtete. Er hatte in der Ecke immer jede Menge Weidenruten stehen, die er sich von Schülern bringen ließ und die von den Bäumen stammten, die entlang der durch den Ort fließenden Thaya standen. Mit diesen Ruten schlug er seine Schüler, um sie zu bestrafen. Darunter war ein Verwandter von mir besonders betroffen. Als ich nach Ende des Krieges hörte, dass dieser Lehrer selbst mit Hundepeitschen gepeinigt wurde, entsprach dies meinem jugendlichen Gerechtigkeitsgefühl, auch wenn ich später gelernt habe, dass Unrecht plus Unrecht nie Recht, sondern nur zwei Mal Unrecht ergibt.

Das Kriegsende, das in Piesling bereits Anfang April eintrat, bedeutete für mich insgesamt den Verlust meines ersten Schuljahres. Ich erlebte die Flucht der deutschen Wehrmacht vor der Roten Armee und den Einzug der Sowjetsoldaten in unseren Ort, wo sie ein Lager errichteten.

Mein Großonkel, der seinen Bauernhof schon übergeben hatte, hatte in seinem Ausgedinge-Haus das einzige Badezimmer des Ortes. Die Offiziere der Sowjetarmee erfuhren das sehr schnell und nutzten dies für sich. Meine Mutter, die nur wenige Monate zuvor im Dezember 1944 meine Schwester entbunden hatte, musste die Badedienste leisten.

Nur wenige Wochen nach Kriegsende verkündete um 10 Uhr vormittags der Dorftrommler, der üblicherweise die Gemeindenachrichten verbreitete, dass die deutschsprachige Bevölkerung bis zum Mittag Haus und Hof verlassen müsse. Ich erinnere mich, dass Großonkel und Großtante in Sonntagsgewand und Winterkleidung an einem heißen Tag die Türschwelle küssten und dann ihr Haus verließen. Zuvor hatte noch ein tschechischer Bürger meinen Großonkel besucht; die beiden hatten sich weinend umarmt und der Tscheche meinte: „Wir haben uns doch immer so gut verstanden." Als eigentliche Österreicher durften wir zwei Tage länger bleiben. Daher konnten wir die lange Schlange der Dorfbewohner sehen, wie sie am Haus des Großonkels vorbeiziehend ihre Heimat verlassen mussten, die sie seit Generationen bewohnten. Wir selbst durften dann das Gefährt des Großonkels zur Ausreise benutzen. Ein tschechischer Gendarm meinte, dass der Hausrat meines Großonkels uns gehöre, und so konnten wir wenigstens dieses Hab und Gut über die nahegelegene Grenze in den ersten österreichischen Ort Weikertschlag mitnehmen. Dort fanden wir, wie viele andere Verwandte, in einem kleinen Häuschen Unterkunft; wir waren etwa 30 Personen. Da habe ich erstmals erlebt, was gelebte Solidarität unter bescheidenen und schwierigsten Umständen bedeutet.

Den Rückweg nach Wien zu finden, war unter den damaligen Umständen äußerst schwierig. Wir sind zuerst nach Drosendorf weitergezogen, um Anschluss an eine Bahnverbindung nach Wien zu finden. Dies aber war für eine vierköpfige Familie mit Kinderwagen ein hoffnungsloses Unterfangen. Selbst auf den Dächern der Zugwagons saßen viele Menschen. Wir mussten daher mit einem Pferdefuhrwerk zum Bahnhof Sieghartskirchen fahren. Dort konnten wir dann auf zwei Plattformen eines Öltankzuges die Rückreise nach Wien antreten, wo wir schließlich am Bahnhof Jedlersdorf in Floridsdorf ankamen. Selbst der Abstieg von den Bremsplattformen erwies sich als äußert schwierig. Wir blieben am schottergewölbten Bahnsteig zurück, während mein Vater fünf Kilometer zu unserem Siedlungshaus ging, um einen Leiterwagen zu holen. Bei seiner Rückkehr brachte er die frohe Botschaft, dass die Großeltern lebten und unser Haus unbeschädigt war. So sind wir also nach einer neun Monate dauernden, kriegsbedingten Odyssee mit vielfältigen und vor allem zwiespältigen Erfahrungen wieder in das nun schwer zerstörte Wien zurückgekehrt – zerstört vom Stephansdom über die Staatsoper bis zum Burgtheater und die am Boden liegende Floridsdorfer Brücke –, also in das Wien, wie es der Film *Der Dritte Mann* zeigt. Es war ein Wien der Opfer und Zerstörungen und der vermissten Soldaten, ein Österreich des

Mangels und weiterhin mit Lebensmittelmarken. Aber es war eine Zeit ohne Jammer und Wehleidigkeit, da alle entschlossen waren, das Beste aus der schrecklichen Situation zu machen. Meine Großmutter pflegte, ein Gebetbuch zur Hand zu nehmen und einen Schlüssel hineinzulegen, um herauszufinden, ob ihr anderer Sohn, der den Russlandfeldzug mitgemacht hatte, noch lebte, verbunden natürlich mit der Hoffnung, dass er zurückkehren möge. Dies war dann 1946 auch der Fall, allerdings war er derart vom Hungerödem gezeichnet, dass man ihn zunächst gar nicht erkannte.

HB — Sie haben schreckliche Erlebnisse geschildert, die für ein Kind sehr belastend sein mussten. Positiv war offenbar die Solidarität, als rund 30 Leute in einem kleinen Haus zusammengelebt haben. Sind bei Ihnen später Bilder dieser schwierigen Zeit aufgetaucht?

HA — Zunächst möchte ich noch hinzufügen, dass ich während des Sommersemesters der zweiten Klasse als Wiener Kind auf einem Bergbauernhof in Adelsbuch war. Dieser erneute Schulwechsel war für meine Volksschulbildung nicht sehr hilfreich. Ein halbes Jahr später wurde ich dann als Pflegekind für ein halbes Jahr nach Moolenbeek bei Brüssel geschickt, wo ich eine flämische Schule – schon damals eine Ganztagsschule – besuchte. Ich war zuvor von einer Familie aufgenommen worden, die selbst schon sieben Kinder hatte. Auch hiermit verbinde ich übrigens ein besonderes Beispiel der Solidarität: Als mich der Pflegevater wie vorgesehen vom Bahnhof abholte, blieb von dem ganzen Transport ein in den Kinderzug geschmuggeltes Kind übrig. Auch dieses wurde von meiner Pflegefamilie aufgenommen. Trotz aller widrigen Umstände und Versorgungsmängel gab es in dieser Zeit kein Jammern und keine Wehleidigkeit. Man freute sich über jede Verbesserung, war sie auch noch so klein.

HB — Also es gab dann immer mehr positive Erlebnisse …

HA — … ja, und auch das, was wir heute Resilienz nennen. Man musste ja aus den Umständen, die immer noch vergleichsweise bescheiden waren, auch wenn sie immer besser wurden, das Beste machen. Das ist auch geschehen; das war dann die Phase des Wiederaufbaus, auf die – unter dem amerikanischen Schutzschirm und beginnend mit dem Marshall-Plan in ganz Österreich, also auch in der sowjetisch besetzten Zone, und dann 1955 mit dem Staatsvertrag – der Wiederaufstieg folgte, der uns schließlich zu einem der wohlhabendsten Länder und einem der geräumigsten Wohlfahrtsstaaten der Welt gemacht hat.

HB — Wir sehen jetzt täglich die Bilder der Zerstörungen in der Ukraine. Verbinden Sie diese Bilder mit Ihren Erinnerungen an das zerstörte Wien?

HA — Nachdem ich den Krieg und die entbehrungsreichen Jahre der Nachkriegszeit miterlebt hatte, war es eines der erfreulichsten Erlebnisse, dass wir das Glück hatten, nach dem Staatsvertrag in Freiheit, Frieden und zunehmendem Wohlstand unseren Lebensweg beschreiten zu können. Das war nicht zuletzt auch dank der europäischen Integration möglich, zunächst mit der 1950 entstandenen Montanunion, also der Zusammenführung der Kohleunternehmen und der Eisen- und Stahlindustrie, und dann mit den Römischen Verträgen, durch die Europäische Wirtschaftsgemeinschaft (EWG) gebildet wurde. Das alles konnte in der Zeit des Kalten Krieges nur unter dem Sicherheitsschutzschirm der Vereinigten Staaten von Amerika geschehen. Umso erschreckender ist heute, dass dieser Frieden wieder verloren gegangen ist – allerdings nicht erst 2022 mit dem Angriff Russlands auf die Ukraine, sondern schon mit den beiden Tschetschenienkriegen, mit dem Krieg Russlands gegen Georgien 2008 und der Annexion der Krim 2014. Aber der Überfall auf die Ukraine hat inzwischen ein noch viel brutaleres Ausmaß angenommen, und hat – weil er sich auch gegen ganz Europa richtet – die europäische Sicherheits- und Friedensordnung mutwillig und mittels Aggressionen zerstört.

Doch nochmals zurück in die Geschichte: Wir waren natürlich überdies geprägt durch den Eisernen Vorhang, der ja auch an der Ostgrenze und Teilen der Nordgrenze Österreichs errichtet worden war, aber zum Unterschied zu Deutschland nicht quer durch Österreich durchging. Das war für uns eine glückliche Fügung bzw. Entwicklung. Als sozialistischer Studentenfunktionär war ich noch wenige Tage, bevor am 13. August 1961 die Berliner Mauer errichtet wurde, am Alexanderplatz in Berlin. Dort gab es eine ostdeutsche Buchhandlung, die sehr lesenswerte, vor allem auch nichtideologische Bücher äußerst günstig angeboten hat.

HB — Sie haben bereits den Marshall-Plan und die Sicherheitsgarantie der USA erwähnt. Können Sie als Ökonom, aber auch aus Ihrer persönlichen Erfahrung heraus die Bedeutung des Marshall-Plans erklären?

HA — Die Hilfe der USA begann ja schon unmittelbar nach dem Krieg mit den sogenannten CARE-Paketen. Im Winter 1946/47 hat Präsident Harry Truman der eigenen Bevölkerung weniger Getreide gegeben, um es nach Europa zu schicken und hier eine Hungersnot zu verhindern. Das war noch, bevor der Marshall-Plan verkündet und umgesetzt wurde. Daher kann ich den heutigen Anti-Amerikanismus nicht verstehen, bei aller berechtigten Kritik an den USA, die es auch gibt.

Was den Marshall-Plan – genauer: das *European Recovery Program* – betrifft, so ist zwar einerseits zu sagen, dass es nicht – wie oft behauptet – Österreich vor dem Untergang gerettet hat, denn schon 1948 lag der Index der österreichischen Industrieproduktion wieder auf 85 % des Standes von 1937. Andererseits darf der Beitrag, den die ERP-Hilfe zum wirtschaftlichen Aufstieg Österreichs, dem sogenannten „Wirtschaftswunder", geleistet hat, nicht unterschätzt werden. Der Dollarsegen konnte nämlich nicht nur für den Wiederaufbau der kapitalintensiven Basisindustrien, sondern vor allem auch für produktivitätssteigernde Investitionen verwendet werden. Und schließlich hatte der Marshall-Plan auch eine politische Bedeutung, weil es gelungen war, auch die sowjetisch besetzte Zone Österreichs in das Programm miteinzubeziehen und derart eine Spaltung, wie sie in Deutschland geschah, zu verhindern. Darin lag vielleicht der tatsächlich nachhaltigste Erfolg dieses Hilfsprogramms.

Ein Erfolg anderer Art war schließlich die Unterzeichnung des Staatsvertrages – ein auch für mich persönlich ganz besonderes Ereignis. Ich war damals, im Jahr 1955, gerade 17 Jahre alt, und im Unterschied zu vielen bin ich nicht zum Belvedere gefahren, sondern zum Stephansplatz. Ich erinnere mich noch an das Schlagen der Pummerin [Anm.: die größte Glocke im Stephansdom]; das hatte eine solche Wirkung, dass der Brustkorb ins Beben kam. Das war mein persönliches Staatsvertragserlebnis.

HB — Ein junger Mann am 15. Mai 1955 auf dem Stephansplatz mit der Pummerin, das ist ein starkes Bild. Von nun an war Österreich wirklich frei. Ab wann hat für Sie auch Europa als Gemeinschaft eine Rolle gespielt?

HA — Sehr früh. Ich erinnere mich, dass mich mein Vater in den Musikvereinssaal mitgenommen hat, wo Paul-Henri Spaak, ein belgischer Sozialdemokrat und zusammen mit Jean Monnet, Robert Schuman, Alcide de Gasperi und Konrad Adenauer einer der „Väter" der beginnenden europäischen Integration, einen Vortrag hielt. Spaak war auch der erste Präsident der Montanunion. Als dann 1957 die Römischen Verträge beschlossen wurden und wir sehen konnten, wie die Schranken hochgingen, war das ein beglückendes Erlebnis. Doch die Russen haben uns eine Teilnahme an dieser europäischen Integration verweigert, sodass wir erst 1995 – mit Ende des Kalten Krieges, nach dem Zusammenbruch der Sowjetunion und nach der Volksabstimmung von 1994, bei der fast eine Zweidrittelmehrheit für den Beitritt zur Europäischen Gemeinschaft erreicht wurde – beitreten konnten. Zuvor gehörten wir der EFTA, der Europäischen Freihandelszone an, die aber nahezu unbedeutend geworden war, nachdem Dänemark, Irland und Großbritannien im Jahr 1973 der EWG beigetreten waren. Inzwischen sind die Briten leider bzw. entsetzlicherweise mit dem Brexit von 2016 wieder ausgetreten, mit der Konsequenz einer Schwächung Europas und zum eigenen Schaden.

1962 waren wir als sozialistische Studenten zu einem Seminar der EWG in die Georg-von-Vollmar-Akademie am Kochelsee in Bayern eingeladen und natürlich begeistert von den Perspektiven der Europäischen Integration. Aber die Gegebenheiten erlaubten einen Beitritt nicht. 1967 unternahmen sozialistische Ökonomen wie Stefan Wirlander, Josef Staribacher, Heinz Kienzl und andere, bei einem Treffen mit der Parteispitze, also mit Bruno Pittermann, Karl Waldbrunner, Bruno Kreisky, Karl Czernetz und Robert Uhlir, bei dem ich das Protokoll führte, den Versuch, einen Beitritt zu thematisieren, um eine weitere wirtschaftliche Benachteiligung zu verhindern. Die Ökonomen mussten aber zur Kenntnis nehmen, dass die Parteispitze angesichts der Haltung der Sowjetunion einen solchen nicht für realisierbar hielt.

Davon abgesehen haben wir als sozialistische Studenten Seminare veranstaltet, zu denen wir ausländische Studenten einluden, die in volksdemokratischen Staaten studierten, um ihnen die Systemunterschiede näherzubringen und sie mit dem Eisernen Vorhang bekannt zu machen. Zu diesen Aktivitäten gehörte auch die Teilnahme an der Gegenveranstaltung zu den letzten außerhalb des Sowjetbereiches stattfindenden kommunistischen Weltjugendfestspielen in Helsinki. Zusammen heißt dies: Unsere Haltung war unzweideutig antikommunistisch und gegen das sowjetische Unterwerfungssystem.

HB — Sprechen wir noch über die Neutralität. Ohne diese hätte es den Staatsvertrag nicht gegeben. Aber die Welt hat sich grundsätzlich verändert. Wie sollen wir heute mit der Neutralität umgehen?

HA — Zur Neutralität ist folgendes Faktum zu erzählen: Im Jänner 1954 hatte US-Präsident Eisenhower im Weißen Haus mit seinem Außenminister Dulles ein Frühstück, bei dem er auch auf Österreich zu sprechen kam. Eisenhower meinte damals, dass er sich für Österreich eine Neutralität nach dem Muster der Schweiz, also westlich orientiert und militärisch sich selbst verteidigend, vorstellen könne. Das wiederum teilte Dulles dem sowjetischen Außenminister Molotow mit, und dieser verkündete das dann bei einer Konferenz in Berlin. Die Russen haben diese Idee gerne aufgegriffen, weil sie verhindern wollten, dass Bundeskanzler Adenauer mit der Bundesrepublik Deutschland der NATO beitritt. Deutschland war zu diesem Zeitpunkt längst geteilt. Die Sowjetunion war in der Folge bereit, einem Staatsvertrag mit Österreich zuzustimmen, sofern Österreich seine Neutralität beschließen würde, um eine solche auch für ganz Deutschland zu erreichen. Adenauer war darüber verärgert und führte die Bundesrepublik in die NATO. Bei den Verhandlungen in Moskau, die zum Moskauer Memorandum und zum Staatsvertrag führten, war die Neutralität nicht unumstritten. Der damalige SPÖ-Vizekanzler Adolf Schärf wollte nicht blind einwilligen, und zu Hause [Anm.: in Österreich] hat Innenminister Helmer, ebenfalls SPÖ, immer wieder darauf hingewiesen, dass die Russen uns besetzt und alles wirtschaftlich Verwertbare, vor allem das Erdöl und die industriellen Einrichtungen, aus der von ihnen besetzten Zone weggeschleppt hatten, weshalb er sich nicht vorstellen konnte, dass wir neutral sein könnten. Bundeskanzler Raab von der ÖVP wollte jedoch unbedingt den Staatsvertrag und hätte dafür auch noch die USIA-Betriebe, die die Russen im Osten Österreichs als Enklave behalten wollten, zugestanden. Doch Schärf war finster entschlossen, dem nicht zuzustimmen, und daher ist das auch nicht zustande gekommen. Man muss sich nur vorstellen, was das ein Jahr später bedeutet hätte, wenn es diese industriellen Enklaven mit „Werkschutz" gegeben hätte, als in Ungarn 1956 der Aufstand ausbrach. Aber so viel zu den damaligen Rahmenbedingungen bei der Entstehung der Neutralität. Diese haben sich inzwischen grundsätzlich geändert. Weder in den Statuten der UNO noch in den Verträgen der Europäischen Union gibt es diese Einrichtung der Neutralität. Und nicht zuletzt hat die Aggression Russlands gegen die Ukraine vieles geändert, wie man auch am Beispiel Finnlands und Schwedens und auch an der Diskussion in der Schweiz sehen kann. Die Sicherheit Europas können wir nur in der Geschlossenheit bzw. auf der Basis eines Beistands gewährleisten. Das sieht auch der Lissabonner Vertrag der EU vor, den wir als Mitglied unterschrieben haben. Dort heißt es: „uneingeschränkte Beistandspflicht für alle Mitgliedsländer der EU". Es gibt zwar für neutrale Staaten eine Ausstiegsklausel, aber durch die später erfolgte Ergänzung unserer eigenen Bundesverfassung haben wir von uns aus erklärt, dass wir alle außen- und sicherheitspolitischen Entscheidungen der EU mittragen, sodass die sogenannte „irische Klausel" durch unsere eigene, autonom getroffene Entscheidung ausgeschalten wurde. Danach müsste sich unser heutiges, neutrales Verhalten entsprechend ausrichten, was im Falle der Ukraine nur sehr eingeschränkt der Fall war und ist.

HB — Da könnten wir mehr machen?

HA — Da hätten wir schon mehr machen müssen, auch wenn wir immerhin Zehntausende Flüchtlinge aufgenommen haben. Aber die Haltung vieler politischer Strömungen gegenüber Putin passt ganz und gar nicht; die Freundlichkeit und das Verständnis angesichts seiner von Anbeginn aggressiven imperialen Ziele ist unpassend und auch verfassungsrechtlich nicht gedeckt.

HB — Kommen wir zur Zukunft. Wenn ich Sie richtig verstehe, müssen wir die Sicherheit in Europa gemeinsam schaffen.

HA — Das können wir nur gemeinsam, und noch für lange Zeit wohl auch nicht ohne die Unterstützung der Amerikaner. Das Schlimmste, was uns passieren könnte, wäre, dass die USA wie in der Zwischenkriegszeit und wie mit damals verhängnisvollen Folgen in Isolation gegenüber Europa gehen bzw. sich nur mehr auf den indopazifischen Raum konzentrieren.

HB — Unser Wohlstand ist seit dem Beitritt zur EU deutlich gewachsen, österreichische Unternehmen sind in Osteuropa sehr erfolgreich. Sie persönlich sind unternehmerisch auch in China aktiv. Wie müssen wir uns in der EU positionieren, damit der Wohlstand nicht gefährdet ist?

HA — Wir können und dürfen in der EU nicht das Rumpelstilzchen spielen, also zum Beispiel den Rumänen und den Bulgaren den Zugang zum Schengenraum verwehren, und das aus rein populistischen Gründen. Gleichzeitig machen wir gegenüber der Slowakei und Slowenien Grenzkontrollen, lassen aber über Ungarn überzählige Migranten ins Land, ohne in der Lage zu sein, sie zu integrieren. Das ist unverständlich und schafft uns international und national riesige Probleme. Wir nehmen sie in unser Sozialsystem auf, lassen sie aber nicht arbeiten – das ist die schlechteste aller möglichen Lösungen. Davon abgesehen fehlt es in der Migrationsfrage in Europa an Solidarität. Was für uns ein innenpolitisches Thema mit Nahrung für den Rechtspopulismus ist, das ist für ganz Europa eine Zerreißprobe. Neben der militärischen Bedrohung aus dem Osten und dem Konflikt im Nahen Osten ist das eine echte Bedrohung, sofern wir das nicht in geordnete Bahnen bekommen, wie das den Schweizern und den Dänen erfolgreich gelungen ist.

HB — Noch einmal zur Wirtschaft. Die weltweite Konkurrenz wird härter, da haben wir als Österreich alleine keine Chance, als Europa aber schon. Was müssen wir tun? Sie selbst waren einmal Initiator eines Bildungsvolksbegehrens, Sie waren in Forschungseinrichtungen aktiv. Sind Bildung, Wissenschaft, Forschung und Technologieentwicklung die Schlüssel zur Bewahrung des Wohlstands in Europa?

HA — Europa ist erstmals im 18. Jahrhundert durch die Industrielle Revolution zu Wohlstand gekommen, allerdings mit höchst ungleicher Verteilung, was zur Entstehung des Industrieproletariats geführt hat. Dieses konnte sich erst im 19. und beginnenden 20. Jahrhundert von seinen Fesseln befreien. Nach dem Zweiten Weltkrieg hat das zuerst in Skandinavien, später auch bei uns zu dem immer geräumigeren

Wohlfahrtsstaat geführt, den wir inzwischen erreicht haben. Mittlerweile haben wir eine Rekord-Sozialquote und Sozialausgaben von 140 Mrd. Euro. Da sollte es nicht möglich sein, dass hierzulande Armut beklagt werden muss. Hier besteht ein schwerer Fehler im Sozialsystem. Es wird aber auch nicht besser, wenn wir uns aus ideologisch-populistischen Gründen ärmer reden wollen, als wir tatsächlich sind. Man kann nicht einerseits sagen, dass wir eines der wohlhabendsten Länder sind, andererseits aber steigende Armut beklagen. Da muss etwas an der Durchführung nicht stimmen, denn schließlich haben wir auch eine der höchsten Steuerquoten der Welt. Da läuft folglich einiges falsch. Da gibt es Reformbedarf. Aber zurückkommend an den Anfang der Industrialisierung: Damals hatte Europa – zuerst England und dann die westeuropäischen Staaten – selbst nicht nur die Technologie, sondern auch ausreichend Rohstoffe, vor allem Eisenerz und Kohle als Energieträger. In allen drei Bereichen sind wir mittlerweile von der Autonomie in die Abhängigkeit gelangt. Hinsichtlich der Energie sind wir entweder vom Nahen Osten, von den USA oder – zumindest bis vor kurzem – von Russland abhängig. In Österreich fehlen uns auch die derzeit wichtigsten Rohstoffe, wie sie vor allem für die Digitalisierung oder für die Klimapolitik benötigt werden, also die seltenen Erden, Kupfer, Nickel, Lithium, und was auch immer sonst noch dazu gehört. Was jedoch noch weitaus schlimmer ist, ist der Umstand, dass wir technologisch zurückgefallen, weit zurückgefallen sind, vor allem im Bereich der Digitalisierung, bei der Mikroelektronik und der Künstlichen Intelligenz. Und das, obwohl wir in Europa noch immer allgemein gesehen ein gutes Bildungswesen haben, auch wenn das österreichische inzwischen weit hinterherhinkt. Es mangelt uns nicht nur an ausreichend Lehrpersonal, sondern auch an herausragenden Universitäten. Wenn von zwanzig der weltbesten Universitäten nur eine am europäischen Kontinent und zwei in England zu finden sind, so sagt das schon alles. Und unter den ersten 100 weltweit findet sich keine einzige österreichische Universität. Die ETH Zürich ist unter den ersten 20, die TU München, Karlsruhe oder Heidelberg sind unter den ersten 100. Da haben wir viel versäumt und entsprechend inzwischen einen riesigen Nachholbedarf.

HB — Kommen wir noch zu China, zweifellos eine Herausforderung, auch wenn das Wachstum der chinesischen Wirtschaft nicht mehr frühere Dimensionen erreicht. Wie stellen wir uns am besten auf China ein?

HA — Gegenüber Russland haben wir seit Iwan III. und Iwan IV., dem Schrecklichen, das durchgängige Problem, dass die russischen Staatsführer expandieren wollen, und zwar mit dem Ziel, Europa von Moskau – oder früher von St. Petersburg – abhängig zu machen. Gleichzeitig besteht als weiteres Ziel, über das Schwarze Meer und den Bosporus in die Levante zu gelangen. Das ist das ewige Ziel Russlands, seitdem es das Tartarenjoch abgeschüttelt hat, unabhängig von seiner Ostexpansion, denn da haben die Russen ihre Konflikte mit China erlebt. Betreffend China ist zu sagen, dass mir die Politik Pekings vor allem von zwei Überlegungen getrieben zu sein scheint: Erstens verfolgt Peking das Ziel, jegliche mögliche Gefährdung der inneren Stabilität abzuwehren, bzw. diese um jeden Preis, also auch durch repressive Maßnahmen, sicherzustellen. Zweitens ging es der chinesischen Führung immer darum, China auch nach außen abzusichern, die durch die Opium-Kriege und deren Folgen erlittene Demütigung zu überwinden und wieder das „Reich der Mitte" zu werden, verbunden mit einem Dominanzanspruch, obwohl man im Unterschied zur Zeit vor 1800 nicht mehr autonom ist. Es ist unbestritten, dass China durch die Öffnung unter Deng Xiao Ping durch das ins Land strömende Auslandskapital sowie den Zufluss an Know-How und einer Vielzahl günstiger und tüchtiger Arbeitskräfte einen exportgetriebenen Aufschwung genommen hat. Inzwischen ist es für die innere Stabilität enorm wichtig, dass die Chinesen mehr als die eiserne Reisschüssel bekommen. Das aber ist aktuell durch viele Gründe, wie etwa das künstlich hochgetriebene Wachstum im Immobilienbereich und der demographische Rückschlag als Folge der Ein-Kind-Politik, von innen gefährdet; und dies umso mehr, als eben auch China nicht autonom ist, sondern Rohstoffe, Nahrungsmittel und Energie importieren muss und folglich Exporte braucht, um das zu bezahlen. Und China braucht die Sicherung der Seewege, weil diese Mengen an Waren nur über das Meer transportierbar sind. Das große Problem liegt dementsprechend im südchinesischen Meer und dem Nadelöhr der Straße von Malakka bei Singapur. Dies ist noch gefährlicher als die Bedrohung von Taiwan. In jedem Fall müssen wir Folgendes als Fakt akzeptieren: China ist wieder ein wichtiger geopolitischer und geoökonomischer Player geworden und wird es auch bleiben. Ob alle Zielvorstellungen der Führung in Peking so aufgehen, wie sich Präsident Xi Jinping das vorstellt, ist eine offene Frage, aber ohne China geht sicher vieles nicht mehr, das müssen auch die Amerikaner inzwischen anerkennen.

Man kann das durchaus mit der Situation in Europa vergleichen. Wir haben eingangs von der Friedens- und Sicherheitsordnung gesprochen: Egon Bahr, die rechte Hand des deutschen Bundeskanzlers Willy Brandt in Fragen der Außenpolitik, hat bereits vor mehr als 50 Jahren mit Recht etwas gesagt, was auch heute noch gilt: „Es gibt in Europa keinen Frieden ohne oder gegen Russland". Aber die heute daran anschließende Frage ist, wie es diesen Frieden angesichts des aggressiv-imperialen Verhaltens Putins mit Russland geben kann. Das ist das Dilemma, das mit dem Überfall auf die Ukraine sichtbar wurde, und dabei nicht nur die

Ukraine, sondern ganz Europa betrifft. In Georgien haben sich die Russen schon Teile einverleibt, über Transnistrien setzen sie die Republik Moldau unter Druck, und gleichzeitig zündeln sie am Balkan, während sie die Armenier bei deren Vertreibung aus Bergkarabach im Stich gelassen haben. Zusammenfassend muss man sagen, dass Russland mit seiner rückständigen Aufstellung und imperialen Zielsetzung eine riesige Gefährdung für ganz Europa und darüber hinaus ist. Und wir dürfen uns nicht darauf verlassen, dass auf Dauer die Amerikaner die Last unserer Sicherheit tragen.

HB — Das führt mich zur letzten Frage: Muss Europa auch eine Militärmacht werden, damit wir unsere liberale Demokratie mit Menschenrechten und Einigkeit erhalten können?

HA — Wenn Europa nicht in russische Abhängigkeit geraten oder gar von diesem unterworfen werden will, muss es sich selbst schützen können. Diese Sicherheit ist aber nur gemeinsam, d.h. im europäischen Verbund zu erreichen, wird aber zudem noch lange nicht ohne amerikanische Unterstützung möglich sein. Jedenfalls ist kein Mitgliedsland der EU allein in der Lage, schon gar nicht so kleine Länder wie Österreich. Die Finnen haben das begriffen, wie auch die Schweden oder natürlich die Polen, die fünf Mal unter russischem Joch standen, während wir nur zehn Jahre die Sowjetzone erlebten. Es gilt daher angesichts der Bedrohungen, alles zu tun, um Sicherheit zu gewährleisten. Es gilt die alte Einsicht „Wenn du Frieden willst, bereite dich auf Krieg vor". So lange es Wölfe gibt, müssen sich die friedlichen Lämmer schützen.

HB — Vielen Dank, Herr Dr. Androsch

Helmut Brandstätter

BILDER

Der Stacheldraht im Burgenland, Autoschlangen an der Grenze zu Italien, Interrail-Züge und das Sprachengewirr in ihnen, der Sternenhimmel am Strand von Nizza, das Berlaymont-Gebäude in Brüssel, der Checkpoint Charlie in Berlin, die mörderische Mauer mitten in der Stadt, die vielen Lichter im Westen und die vollen Kirchen im Osten, die immer größer werdenden Demonstrationen im September 1989 in Leipzig – „Wir sind das Volk" – dann die Menschenmassen mit den „Gorbi, Gorbi!"-Rufen in Ost-Berlin, die „Schwarze Wand" in Auschwitz, der hilflose Ceaușescu auf dem Balkon des Zentralkomitee-Gebäudes in Bukarest im Dezember 1989, Jubel und Begeisterung am 3. Oktober 1990 vor dem Reichstag in Berlin, die belagerte Stadt Sarajevo, das Mahnmal für den Völkermord 1995 in Srebrenica, die Leichen von Butscha im Frühjahr 2022, aber auch Leben und Hoffnung in Kyiv oder Odesa, bis zum nächsten Raketenalarm.

Wenn ich an Europa, mein Leben hier als Kind, als Student, als Journalist und dann als Politiker denke, tauchen unzählige

Bilder vor mir auf. Und zu jedem eine eigene Geschichte, die die Entwicklung unseres Kontinents zeigt: Unsere Freiheit im Westen mit wachsendem Wohlstand und vielen Chancen, verbunden mit der Beklemmung, dass aus dem Kalten Krieg wieder ein heißer werden könnte, das Glück der Öffnung des Eisernen Vorhangs und des Ende des Ostblocks, die Illusion des ewigen Friedens, dann der blutige Bürgerkrieg am Balkan, und nach Jahren des Friedens in ganz Europa gibt es plötzlich wieder Krieg und Vertreibung. In der Ukraine sehe ich Bilder der Zerstörung, kaputte Wohnhäuser, zerbombte Schulen, zerstörte Spitäler, verzweifelte Menschen. Da fällt mir jedes Mal meine Mutter ein, die als 12-Jährige in Wien lernen musste, was Sirenen bedeuten, nämlich in den Bombenkeller zu laufen. Dazu jedes Mal das Bangen, ob das Haus in der Mariahilfer Straße noch steht. Sie hat mir auch vom Hunger nach dem Krieg erzählt, von ihrem Vater, der das Nötigste aus dem niederösterreichischen Bezirk Mistelbach holte.

Als ich ein Kind war, haben wir zu Hause noch nicht über Europa geredet, das kam etwas später. Geboren im April 1955, wenige Wochen vor dem Abschluss des Staatsvertrags, waren für mich viele Gespräche der Eltern davon bestimmt, dass es uns endlich wieder gut ging, dass wir in Wien Glück gehabt haben, weil die Stadt nicht geteilt wurde, dass wir glücklich sein müssten, wie gut es uns ginge. Europa war geteilt, mehr noch, zerschnitten durch den Eisernen Vorhang. Den sah ich das erste Mal als Kind mit meinem Onkel Fritz, der mit seiner Familie in Kirchschlag in der Buckligen Welt lebte und mir den Stacheldraht mit den bewaffneten Männern auf den Türmen an der nahen Grenze zu Ungarn zeigte. Ich begriff nicht, warum Menschen in einem Land eingesperrt wurden wie in einem Gefängnis. Später habe ich viele Geschichten dazu gehört, als Journalist in der DDR. Wer täglich erlebt, dass die Regierung nur Lügen verbreitet, und dann auch noch Erzählungen hört oder im Fernsehen sieht, dass jenseits des Stacheldrahts das Leben viel besser sei, der will nur weg, auch wenn man damit Heimat und vertraute Umgebung verlassen muss. Viele Menschen bezahlten die Flucht mit dem Leben, alleine an der innerdeutschen Grenze starben 327 Personen, so viele sind jedenfalls dokumentiert.

Wie die kommunistischen Regime versuchten, mit Bildern Illusionen zu erzeugen, habe ich auch in der DDR erlebt. Den „zweiten" deutschen Staat habe ich regelmäßig ab 1984 besucht, als ORF Korrespondent in Bonn. Die Leipziger Messe, die zwei Mal im Jahr stattfand, war für uns ein Pflichttermin. Die Stadt blühte für zwei Wochen auf und da sah ich auch, wie gut es österreichische Unternehmen verstanden, als die „guten Kapitalisten" deutscher Sprache aufzutreten.

Einmal wartete ich mit Rudolf Sallinger, dem langjährigen, allseits anerkannten Präsidenten der Wirtschaftskammer beim österreichischen Messestand. Alle Anwesenden und auch die ORF-Kamera erwarteten den Staatsratsvorsitzenden, den damals allmächtigen Erich Honecker. Als dieser dort auftauchte, war es eine befremdlich kuriose Szene, wie der eher beleibte Sallinger und der auch nicht mehr jugendliche Honecker aufeinander zuhoppelten und wie zwei enge Freunde fröhlich miteinander scherzten. Ein unvergessliches Bild. Und eine Szene, die der österreichischen Wirtschaft damals sicher auch nützte.

Leipziger Messe zur Zeit der DDR, das war aber auch die Verkleidung eines kommunistischen Landes in eine seltene Zone des scheinbaren Wohlstands. In der DDR gab es viele Witze über den Zustand des Landes, eine Möglichkeit der Menschen, sich über das Regime lustig zu machen, ohne sofort verhaftet zu werden. Ein Beispiel: „Die Verkäuferin beim Metzger sagt: Hier gibt's kein Fleisch, gegenüber gibt's keinen Fisch." Und weil die Führung diesen Zustand des permanenten Mangels nicht zeigen wollte, während westliche Kameras in Leipzig waren, wurde die Stadt zwei Mal im Jahr mit Lebensmitteln aufgerüstet. Da stand dann ein „Vitaminbazar“ an jeder Ecke des Zentrums. Bananen und Orangen, sonst der kommunistischen Elite vorbehalten, waren für alle erreichbar. Die Glaubwürdigkeit der Führung wurde dadurch nicht erhöht.

Und noch ein Bild: Die sogenannte „Ehrenparade der Nationalen Volksarmee zum 40. Jahrestag der DDR“ am 7. Oktober 1989 verfolge ich aufmerksam am Rande der Karl-Marx-Allee, die natürlich abgesperrt und von „Volkspolizisten“ bewacht ist. Da sehe ich einen Mann, der ein Stück weiter nach vorne geht, um die Parade besser zu sehen. Ein Volkspolizist herrscht ihn an, er solle wieder auf den Gehsteig zurück gehen. Der Mann fragt nur kurz „warum?“. Der Polizist dreht sich um und geht weg. Ich habe in dem Moment kurz das Gefühl, dass die Diktatur ins Wanken gekommen ist. Die Rufe nach „Gorbi“ zeigten dann ja die Stimmung im Land.

Von meinen vier Reisen in die Ukraine nach Putins Überfall im Februar 2022 habe ich viele Bilder der Zerstörung im Kopf. Aber auch Bilder, die Hoffnung machen: Vom Besucherbalkon des Parlaments in Kyiv durfte ich beobachten, wie die Europafahne in den Plenarsaal getragen wurde. Abgeordnete, die ich schon mehrfach getroffen hatte, strahlten hinauf zu den Besucher:innen aus dem Ausland. Ich spürte, dass wir in Europa zusammengehören. Der Wunsch, gemeinsam in Frieden zu leben, wird stärker sein als alle russischen Waffen. Putin versucht, eine neue Form der Sowjetunion aufzubauen, dabei sollte er verstanden haben, warum die alte zerfallen ist.

ERLEBNISSE

Mein wichtigstes Erlebnis als Europäer fand zweifellos am 9. November 1989 statt. In Warschau. Als Bonner ORF-Korrespondent hatte ich mich natürlich für die Reise von Bundeskanzler Helmut Kohl nach Polen angemeldet. Die Reise war bereits einmal verschoben worden, Kohls CDU hatte eine enge Verbindung mit Vertriebenenorganisationen, für die eine Anerkennung der Oder-Neiße Grenze als Ostgrenze Deutschlands Verrat gewesen wäre. Konservative Politiker:innen wie Alfred Dregger, immerhin Fraktionschef der CDU/CSU, pochten immer wieder darauf, dass „Deutschland in den Grenzen von 1937 völkerrechtlich fortbesteht"[1]. Andererseits hatte Polen mit Tadeusz Mazowiecki seit August 1989 den ersten Christdemokraten seit dem Zweiten Weltkrieg als Ministerpräsidenten, Kohl wollte ihm seine Aufwartung machen. Also landete die Maschine der Luftwaffe mit sieben weiteren Regierungsmitgliedern und vielen Medienvertreter:innen am 9. November 1989 in Warschau-Okęcie.

Nach den ersten Gesprächen traf Kohl abends im Hotel Marriott ein, um die wartenden Journalist:innen in einem ersten Hintergrundgespräch zu informieren. Es waren nur Deutsche eingeladen, aber Kohl klopfte mir bei diesen Gelegenheiten immer fest auf die Schulter, mit den Worten: „Der Österreicher gehört dazu, der kommt mit." Ich widersprach nicht und erfuhr wie alle anderen, wie der deutsche Kanzler auf die Öffnung der Berliner Mauer reagierte: „Jetzt wird Weltgeschichte geschrieben", erklärte er. Und hatte damit recht, wie mit allem, was er in den folgenden Monaten sagte und tat.

Weltgeschichte wurde auch 28 Jahre davor geschrieben, am 13. August 1961. Die Teilung Europas, die zu diesem Zeit-

1 taz, 07.08.1989, Ausgabe 2877, S. 2, https://taz.de/!1802905/ (Stand: 03.11.2023)

punkt schon Normalität war, habe ich als Bub in Wien natürlich nicht verstanden. Aber dieses eine Erlebnis blieb mir im Gedächtnis: Dass meine Eltern lange und heftig darüber sprachen, dass da mitten in einer Stadt eine Mauer gebaut wurde, so als würde man plötzlich die Mariahilfer Straße teilen, und wir nicht mehr auf die andere Seite kommen würden. Das war der 13. August 1961 in Wien, den Anfang vom Ende der Teilung Berlins und Europas durfte ich dann mit Helmut Kohl in Warschau erleben.

Und da wurde mit auch klar, dass das gemeinsame Europa, von dem wir im Frühjahr 1981 in Brüssel so oft gesprochen hatten, endlich Wirklichkeit werden könnte. Im Jänner 1981 war ich in die belgische Hauptstadt gekommen, um ein Praktikum in der Europäischen Kommission zu absolvieren. Österreich war noch weit entfernt von einer Mitgliedschaft, aber es gab immer auch ein paar Plätze für junge Leute aus Nicht-Mitgliedsländern. In der Generaldirektion „Erziehung und Wissenschaft" war ich dem Pressesprecher zugeteilt, zu Mittag trafen wir „Stagiaires" uns im Berlaymont, am Abend manchmal in einer kleinen Wohnung. Immer wieder ist da in der Debatte um ein besseres Europa ein Gedanke aus der Vergangenheit aufgetaucht: „Möglicherweise haben unsere Väter aufeinander geschossen." Das war auch realistisch, denn wir kamen aus vielen europäischen Ländern, die noch 36 Jahre davor gegeneinander Krieg geführt hatten. Und wir saßen nun zusammen, hatten Spaß, aber eben auch das Bewusstsein, dass wir unendlich viel Glück hatten – und die Verantwortung, ein friedliches Europa aufzubauen.

Dann erlebte ich bei Wahlkämpfen in den „neuen Bundesländern", wie die ehemalige DDR nach der Wiedervereinigung hieß, wie unterschiedlich sich die Menschen an beiden Seiten der Mauer entwickelt hatten. Das spürte ich auch noch 1997, als ich als Geschäftsführer von n-tv nach Berlin kam. Kolleg:innen aus Ost und West unterschieden sich noch immer im Auftreten – Autoritäten anzuerkennen hatte man im Osten gelernt.

Im November 2022 war ich mit Kollegin Nina Tomaselli von den Grünen bei einem offiziellen Besuch europäischer Abgeordneten in Auschwitz. Wir legten an der „Schwarzen Wand", vor der unzählige Menschen erschossen worden waren, einen Kranz nieder. Links und rechts davon stehen die Gebäude, wo Ärzte die grausamsten Experimente an Kindern und Behinderten machten. Das war der Tiefpunkt der europäischen Geschichte, der uns für immer zu diesem „Nie wieder" verpflichten wird. Immerhin – wir haben auch in Österreich inzwischen eine Erinnerungskultur entwickelt, unter anderem durch die KZ-Gedenkstätte Mauthausen gepflegt, die hoffentlich dafür sorgt, dass auch die nächsten Generationen versuchen werden, das Ausmaß der Verbrechen der Nationalsozialisten zu verstehen.
1989 war ich mit Helmut Kohl in Auschwitz. Nach seiner Rückkehr aus Berlin, wo der Fall der Mauer gefeiert wurde, hat er alle weiteren geplanten Programmpunkte seines Besuchs absolviert. Damals sind wir lange durch Polen gefahren, weil wegen des starken Nebels ein Flug von Warschau nach Krakau nicht möglich gewesen wäre. 33 Jahre später habe ich die großen Unterschiede gesehen, wie stark sich das Land seither entwickelt hat. Die Freiheit, für die die Pol:innen ja lange gekämpft hatten, und der Beitritt zur Europäischen Union haben Polen sehr gut getan, und allen anderen Ländern des früheren Warschauer Pakts auch. Endlich können so viele Menschen in Frieden und Freiheit leben.

Und dann kam der 24. Februar 2022. Als ich mein Handy in der Früh aufdrehte sah ich, dass mir Inna Sowsun, eine liberale ukrainische Abgeordnete, eine WhatsApp Sprachnachricht geschickt hatte. Mit zitternder Stimme erzählte sie: „Ich bin um 4.30 Uhr aufgewacht, weil ich den Lärm von Explosionen gehört habe. Zwei Stunden lang gab es alle zehn Minuten eine Explosion. Das war die schaurigste Nacht meines Lebens. Wir mussten dann ins Parlament fahren, wo wir das Kriegsrecht beschlossen haben. Russische Soldaten sind vom Süden, vom Westen und auch vom Norden einmarschiert. Im Norden sind sie nur mehr zwei Stunden entfernt, sie wollen Kyiv einnehmen. Bitte helft uns, mit Sanktionen, der Ächtung der Russen bei euch, gebt keine Visa mehr her. Wenn ihr nicht helft, wird es nicht Hunderte, sondern Zehntausende Tote geben."

Der Westen half, aber die Zahl der Toten stieg dennoch ins Unermessliche.

Wir hatten an diesem 24. Februar 2022 rein zufällig den ukrainischen Botschafter zu Gast in der österreichisch-ukrainischen Freundschaftsgruppe des Parlaments. Dabei sagte Vasyl Khyminets historische Worte, an die ich mich später noch oft erinnerte: „Wenn wir die ersten drei, vier Tage überleben, dann gewinnen wir den Krieg." Putins Plan, Kyiv zu erobern, den gewählten Präsidenten durch einen ihm hörigen zu ersetzen und eine Marionettenregierung einzusetzen misslang ihm, wie so vieles danach auch noch. Aber das Ausmaß der Zerstörung, das Putin in der Ukraine anrichtete, war für uns in Europa unvorstellbar, die Massaker, die seine Truppen etwa in Butscha anrichteten, werden in unserem Gedächtnis bleiben wie ähnliche Gräueltaten. Als ich das erste Mal dort war, hat unser Übersetzer zu weinen begonnen, als der Bürgermeister Details erzählte.

Den eindrücklichsten Tag habe ich im Süden der Ukraine im Juni 2023 erlebt. Wir fuhren von Odesa zunächst nach Mikolayev und dann weiter nach Shyroke, rund 350 Kilometer nordöstlich von Odesa. Links und rechts warnten überall Schilder mit roten Totenköpfen vor den Minen in den Feldern, und in einem kleinen Ort waren fast alle Häuser zerstört. Reiner

Terror der russischen Truppen, denn militärische Ziele gab es hier nicht. Vor einer zerstörten Schule stand ein älterer Lehrer und erzählte weinend, dass er wohl nie wieder Kinder unterrichten werden könne. Am Abend desselben Tages kamen wir zurück nach Odesa und Botschafter Arad Benkö führte uns in ein nettes Lokal in einem wunderschönen Park. Familien und Pärchen saßen zusammen, als wäre plötzlich Frieden ausgebrochen.

Aber die Szene stand nur für die Stimmung, die ich in der Ukraine bewundern gelernt habe: Wir lassen uns nicht unterkriegen, wir lassen uns unser Leben nicht zerstören. Das Restaurant hat Putin zerbombt, nur wenige Wochen nach unserem Besuch. An dem Satz, den ich oft gehört habe, hat aber auch dieser Angriff nichts geändert: Wir müssen kämpfen, weil wir nicht Putins Sklaven werden wollen.

Die Geschichte ist nicht zu Ende. Und auch die Ukraine wird frei und friedlich sein, wenn wir sie weiter unterstützen, und hoffentlich bald zu einem friedlichen Europa gehören.

Nach dem Terrorangriff der Hamas auf Israel am 7. Oktober 2023 fielen mir plötzlich noch andere Erlebnisse ein. Genau ein Jahr zuvor war ich mit einer Gruppe österreichischer Parlamentarier:innen in Israel. Erstmals sah ich die Tunnel, die die Hisbollah vom Libanon her gegraben hatte, um eines Tages in Israel einzufallen, wir haben auch die Grenze zum Gazastreifen besichtigt, über den täglich Menschen kamen, um in Israel zu arbeiten. Und wir sprachen mit vielen Persönlichkeiten aus Militär, Politik und Medien über die kommenden Wahlen. Man war sich überwiegend einig, dass Benjamin Netanjahu gewinnen werde, trotz seiner Korruptionsprozesse. Denn er stehe für Sicherheit, war die einhellige Meinung. Europas Sicherheit hängt auch mit der Lage im Nahen Osten zusammen. Und die unbedingte Solidarität mit Israel ist Teil unserer Geschichte.

Für meinen Vater war es kein Widerspruch, österreichischer Patriot und überzeugter Europäer zu sein. Beides war er auch, weil er, geboren im September 1920, Bürgerkrieg, Diktatur und Hitlers Einmarsch schon bewusst erlebt hat. Als Sohn eines christlich-sozialen Bauern wollte er als österreichischer Soldat gegen Hitler kämpfen. Den Plan einer Abwehrschlacht gegen Hitler hat es ja gegeben, den „Jansa-Plan", benannt nach Alfred Jansa, Chef des Generalstabs. Aber Bundeskanzler Kurt Schuschnigg ergab sich, in seiner Rundfunkrede am 11. März 1938 beteuerte er, es solle „kein deutsches Blut vergossen werden" und endete mit „Gott schütze Österreich". Dem waren dramatische Tage vorhergegangen, am 24. Februar hatte Schuschnigg vor dem Bundesrat noch formuliert „Bis in den Tod. Rot-Weiß-Rot."

Also musste auch mein Vater die deutsche Uniform anziehen, wie viele andere, die an ein unabhängiges Österreich glaubten. Offizier wurde er trotz Matura und begonnenem Jus-Studium nicht. Sein Zugang zu einem einigen, friedlichen Europa hatte also mit diesen Erfahrungen zu tun, später aber auch mit seinem Beruf als Bauernvertreter. 1957 wurde er Generalsekretär der Präsidentenkonferenz der Landwirtschaftskammern, im April 1960 beschäftigte er sich bereits in einem Vortrag in St. Wolfgang mit der Europäischen Wirtschaftsgemeinschaft (EWG) und der künftigen Zusammenarbeit mit der EFTA, der eben erst gegründeten Europäischen Freihandelsvereinigung. Er sagte: „Ein Beitritt zur EWG ist nicht möglich, da sich Österreich als neutraler Staat nicht mit allen Konsequenzen einem solchen Wirtschaftsblock anschließen kann. (...) Sollte ein Brückenschlag zwischen EFTA und EWG nicht zustande kommen, so steht es Österreich noch immer offen, alleine eine Assoziierung mit der EWG anzustreben."[2]

Es dauerte bis 1972, dann konnten die verbliebenen EFTA-Staaten ein Freihandelsabkommen mit der EWG abschließen. Den Beitritt zur Europäischen Union, der für meinen Vater nach 1989 selbstverständlich war, hat er leider nicht erlebt. Das Assoziierungsabkommen mit der EWG war von Italien verzögert worden. Der Grund: Südtirol. Heute kann sich niemand mehr vorstellen, wie emotionalisiert der politische Streit um Südtirol war, verschärft durch die Bombenanschläge des BAS, des Befreiungsausschuss Südtirol Ende der 1950er Jahre, mit dem Höhepunkt der „Feuernacht" im Juni 1961.

Als Studentenfunktionär in den späten 1970er Jahren habe ich zwei ÖVP-Politiker kennengelernt, die mich damals auf Grund ihrer vielfachen Wortmeldungen zu Europa beeindruckt haben: Alois Mock und Erhard Busek.

Die letzte gemeinsame Veranstaltung mit Erhard Busek hatte ich wenige Monate vor seinem Tod im März 2022, am 13. Dezember 2021 im polnischen Kulturinstitut anlässlich des 30. Jahrestages der Verhängung des Kriegsrechts in Polen. Busek tat sich mit dem Gehen schwer, aber kaum war er am Wort, blitzten seine Augen wie früher, sein Gedächtnis war noch immer brillant.

Er erzählte von seinen Begegnungen mit Arbeiterführern wir Lech Walesa und Intellektuellen wie Adam Michnik, die alle davon überzeugt waren, dass der Kommunismus bald am Ende sein werde, und die ihr Leben dafür einsetzten. Busek hatte das auch verstanden und pflegte überall im „Ostblock" seine Kontakte zu den Köpfen der demokratisch gesinnten Opposition. Es ist aber kein Wunder, dass Busek eines seiner Bücher „Eine Seele für Europa" nannte – nach einem Zitat

2 Ernst Brandstätter: „Die Bauern im Spannungsfeld der Industriegesellschaft", Agrarverlag, Wien 1980.

des französischen Kommissionspräsidenten Jacques Delors. Busek schreibt: „Hat Europa eine Seele? Im philosophischen Sinn nein, im Sinne der Empfindung für ein gemeinschaftliches Europa wohl ja." Und an anderer Stelle: „Das Faszinierende an Europa ist wohl, dass es nie eine übereinstimmende Sicht, sicher aber eine gemeinsame Basis gibt, von der aus der ‚Inhalt' Europas beschrieben wird."[3]

Alois Mock, in jungen Jahren schon Unterrichtsminister und später Vizekanzler, hatte schon als Mitarbeiter von Bundeskanzler Josef Klaus in den 1960er Jahren über die europäische Integration Österreichs geschrieben, nicht nur aus ökonomischen Gründen. Klaus hat seine Einstellung zu Europa bereits bei einem Besuch in Kyiv dargelegt. Bei einem Besuch in der Sophien-Kirche schreib er in das Gästebuch: „Introite, nam et hic Europa est" („Tretet ein, denn auch hier ist Europa"[4]). Das war mehr als ein Bekenntnis zu einem vereinten Europa, das war auch die klare Überzeugung, dass Länder der Sowjetunion und Länder im Einfluss der kommunistischen Diktatur letztlich zu Europa gehören. Und Klaus hat auch bereits in den 1960er Jahren seine Vorstellungen für eine europäische Demokratie formuliert. In der Biografie „Josef Klaus. Ein großer Österreicher" von Beatrice Weinmann wird die Vorstellung des Salzburgers dazu so zitiert: „Eine solche Regierung müsste neben der Wirtschafts- und Sozialpolitik auch eine gemeinsame Finanz-, Kultur- und Außenpolitik betreiben. (...) Josef Klaus bekräftigte seine Überzeugung, das Europa von morgen müsse mehr sein als

3 Erhard Busek: „Eine Seele für Europa. Aufgaben für einen Kontinent", Kremayr & Scheriau, Wien 2008.

4 Im Original von Aulus Gellus, römischer Schriftsteller: „Introite, nam et hic Dii sunt" („Tretet ein, denn auch hier sind die Götter"), von Gotthold Ephraim Lessing seinem Drama „Nathan der Weise" als Motto vorangestellt und dadurch im Kontext einer Debatte über Toleranzverständnis bekannt.

nur ein wirtschaftspolitisches Integrationsprinzip."[5] Er sprach gerne von den „Vereinigten Staaten von Europa."

Wie sehr mich Helmut Kohl beeindruckte, habe ich im Kapitel über die Geschichte schon teilweise beschrieben. Nach der auch für ihn überraschenden Öffnung der Mauer machte Helmut Kohl am Weg zur deutschen Einheit alles richtig, wobei ihm sowohl sein gutes persönliches Verhältnis zum Nachbarn François Mitterand, aber auch zu den Präsidenten der beiden Supermächte, George W. Bush und Michail Gorbatschow half. Die Nähe zum Chef der Sowjetunion war über einen Umweg verlaufen. Im Oktober 1986 hatte Kohl im Interview mit dem US-Magazin Newsweek über den jungen Präsidenten der Sowjetunion formuliert: „Er ist ein moderner kommunistischer Führer, der sich auf Public Relations versteht. Goebbels, einer von jenen, die für die Verbrechen der Hitler-Ära verantwortlich waren, war auch ein Experte in Public Relations."[6] Der Aufschrei in Moskau, aber auch bei der Opposition in Bonn war groß. Erst ein Besuch Kohls in Moskau 1988 konnte das Verhältnis der beiden reparieren. Ein Jahr später brauchte Kohl Gorbatschow, dann war es umgekehrt, als wegen der schlechten Versorgungslage in der zerfallenden Sowjetunion Hunger drohte.

Helmut Kohl, der Historiker, erinnerte aber die Menschen im vereinten und mit Abstand bevölkerungsstärksten Land der EU regelmäßig daran, dass er kein deutsches Europa wolle, sondern ein europäisches Deutschland: „Die deutsche Einheit und die europäische Einigung sind zwei Seiten derselben Medaille." Bei den Gräbern von Verdun, wo im Ersten

---

5 Beatrice Weinmann: „Josef Klaus. Ein großer Österreicher", Molden, Wien 2000.

6 Auf Deutsch in: DER SPIEGEL, 44/1986: https://www.spiegel.de/politik/extremes-mass-an-instinktlosigkeit-a-d45de7e8-0002-0001-0000-000013521510? (Stand: 03.11.2023)

Weltkrieg im Kampf um wenige hundert Meter Boden rund 700.000 Deutsche und Franzosen gefallen waren, hielten Kohl und Mitterand im September 1984 einander an der Hand. Mitterands Credo: „Frankreich ist unser Vaterland, Europa ist unsere Zukunft.“

Im Jänner 1995, ein Jahr vor seinem Tod hat Mitterand im Europäischen Parlament davor gewarnt, dass es auch in Europa wieder Krieg geben könnte: „Le nationalisme, c'est la guerre“ („Nationalismus bedeutet am Ende immer Krieg“). In der EU lebt das Erbe der Gründer der europäischen Einigung weiter, auch nach der Erweiterung in den Osten. Nur Viktor Orbán gefällt sich mit zunehmend absurd werdenden Formulierungen, wie mit Vergleichen zwischen der EU und der UdSSR: „Moskau war eine Tragödie, Brüssel nur eine schlecht gemachte Komödie.“[7] Aber er hält weiter die Hand auf, auch für seine korrupten Freund:innen in Ungarn.

Das historische Drama besteht wohl darin, dass es nie gelungen ist, Russland als friedlichen Partner in Europa zu integrieren. Der britische Historiker Orlando Figes beschreibt in seinem Buch „Die Europäer“, wie die Eisenbahn im 19. Jahrhundert zu einem fruchtbaren künstlerischen Austausch zwischen den Staaten Europas, aber auch mit russischen Künstler:innen beigetragen hat. Anhand der Beziehung des Schriftstellers Iwan Turgenjew mit der französischen Sängerin und Komponistin Pauline Viardot und deren Ehemann Louis Viardot zeichnet Figes nach, wie die gemeinsame Kultur den Nationalismus in den Schatten stellen konnte.[8]

Nach dem Zerfall der Sowjetunion gab es dann militärische Bemühungen, Russland und die NATO zusammenzu-

7 Viktor Orbán anlässlich einer Gedenkveranstaltung zum Aufstand von 1956, am 23.10.2023 in Veszprém.

8 Orlando Figes: „Die Europäer. Drei kosmopolitische Leben und die Entstehung europäischer Kultur“, Carl Hanser, München 2020.

führen. Die NATO-Russland-Grundakte, unterzeichnet im Mai 1997, sollte zunächst für Vertrauen und dann für Zusammenarbeit sorgen. Doch dieser Versuch war spätestens gescheitert, als Putin im August 2008 in Georgien einfiel. Der Westen hat sich wahrscheinlich zu sehr darauf verlassen, dass der Kapitalismus nicht nur einige Oligarchen reich macht, sondern auch zu einem selbstbewussten Bürgertum beitragen würde. Das ist aber nicht geschehen. Und so können Putins Propagandist:innen im russischen Fernsehen die schlimmsten Forderungen erheben, von einer russischen Dominanz Europas bis zu Aufforderungen, Kinder aus der Ukraine zu entführen, um sie zu Russ:innen zu machen, oder auch, Kinder zu ermorden. Wie auch immer der Krieg Putins gegen die Ukraine ausgeht, und wann auch immer Frieden einkehren wird – es wird wieder eine undurchdringliche Grenze in Europa entstehen. Wir werden auf einen neuen Gorbatschow im Kreml hoffen müssen.

GESCHICHTE

In Europa ging es immer um Nachkriegsordnungen. Weil immer Krieg geherrscht hat. Wer hat schon einmal etwas von den Villmergerkriegen gehört? Vom Reiterkrieg? Oder vom Ersten Waldemarkrieg? Das sind nur drei Beispiele für Kriege, in denen es um Religion, regionale Vorherrschaft oder Handelswege ging. Bei den Villmergerkriegen kämpften in den Jahren 1656 und 1712 reformierte und katholische Orte der Eidgenossenschaft gegeneinander, der Reiterkrieg war der letzte militärische Versuch des Deutschen Ordens, den Deutschordensstaat von der Vorherrschaft Polens zu befreien, und beim ersten Waldemarkrieg ging es um die Vorherrschaft über den Handel im dänische Schonen zwischen Dänemark und den Hansestädten im Jahr 1361.

Der luxemburgische EU-Kommissionspräsident Jean-Claude Juncker wurde von seinen Mitarbeiter:innen oft darauf hingewiesen, dass er doch nicht regelmäßig über Kriege reden solle. Aber wer sich ein bisschen mit der europäischen Geschichte beschäftigt, wird erkennen müssen, dass hier immer Krieg geführt wurde. Alte Funde vom Tollensesee im heutigen Mecklenburg-Vorpommern belegen eine Schlacht, die vor über 3000 Jahren stattgefunden hat. Mit hölzernen Keulen und bronzenen Pfeilspitzen kämpften offenbar junge Männer wahrscheinlich um eine Handelsroute.

Die Nachkriegsordnungen waren oft nur die Vorbereitung auf den nächsten Krieg. Nach dem Westfälischen Frieden von 1648, mit dem endlich der 30-jährige Krieg beendet wurde, entstand ein System der Anerkennung souveräner Nationalstaaten. Dieses System akzeptierte aber auch den Krieg zwischen souveränen Staaten als legal. Erst nach dem Zweiten Weltkrieg haben die Vereinten Nationen ein Gewaltverbot vereinbart. Dass dieses nicht unbedingt akzeptiert wird, haben wir in den letzten Jahren erlebt. Und leider haben wir auch erlebt, dass Verträge zwischen Staaten plötzlich nichts mehr wert sind, wenn ein Diktator machen kann, was er will.

Nur Europa hat sich nach 1945 anders, nämlich erstmals friedlich entwickelt. Die Rede von Robert Schuman, dem französischen Außenminister am 9. Mai 1950, genau fünf Jahre nach Ende des Zweiten Weltkriegs, war Auslöser der größten politischen und menschlichen Leistung, die es je in Europa gab. Sein Vorschlag, die Kohle- und Stahlproduktion Deutschlands und Frankreichs einer „Hohen Behörde“ zu unterstellen, war der erste Schritt zu einer gemeinsamen europäischen Regierung, die Krieg auf diesem Kontinent unmöglich machen würde. Europa werde „durch konkrete Taten entstehen, die zunächst eine Solidarität der Tat schaffen"[9], erklärte Schuman, der 1886 in Luxemburg als deutscher Staatsbürger geboren wurde, 1919 Franzose wurde und 1941 von der Gestapo verhaftet wurde, der er nur durch Flucht entkam. Nur fünf Jahre nach dem Ende des schlimmsten Kriegs und des Holocaust begann die Idee eines neuen europäischen Weges, wo Differenzen nur mehr nach den Prinzipien von Demokratie und Rechtsstaat ausgetragen werden können.

Schumans „Solidarität der Tat" ist in der Europäischen Union sukzessive gewachsen. Und sogar Maggie Thatcher, die als Premierministerin mit dem Satz „I want my money back" berühmt geworden war, bekannte sich zu einem stärkeren Europa. Im Jahr 1988 erklärte sie in Brügge: „Großbritannien träumt nicht von einer gemütlichen, isolierten Existenz am Rande der Europäischen Gemeinschaft. Unsere Bestimmung liegt in Europa, als Teil der Gemeinschaft." Populisten wie der erratische Boris Johnson haben ihr Land dann in den Brexit geführt, zum Schaden der Brit:innen.

Der Populismus lebt weiter in Europa, obwohl viele Krisen überstanden wurden. Griechenland ist weiter im Euro, die Währung ist stark, trotz großer Probleme in der Folge der Lehman Pleite des Jahres 2008. Die Fortschritte beim Zusammenwachsen Europas sind unübersehbar. Aus einer Wirtschaftsgemeinschaft wurde eine Union, mit gegenseitiger Verantwortung, auch in der Sicherheitspolitik. Die Gemeinsame Außen- und Sicherheitspolitik (GASP) wurde bereits 1993 im Vertrag von Maastricht festgelegt und 2009 im Vertrag von Lissabon verstärkt. Die Solidarität bei äußerer Bedrohung der Union ist im Artikel 42, Absatz 7 festgelegt. Im Falle eines Angriffs auf das Hoheitsgebiet eines Mitgliedstaates sind die anderen verpflichtet, mit aller Macht beizustehen. Die öster-

---

9 Schuman-Erklärung: https://european-union.europa.eu/principles-countries-history/history-eu/1945-59/schuman-declaration-may-1950_de (Stand: 03.11.2023)

reichische Bundesverfassung wurde im Artikel 23j dahin geändert, dass Österreich an der GASP mitwirkt. Die irische Klausel gibt Österreich die Möglichkeit, die Solidarität mit anderen EU-Ländern einzuschränken. Aber die Menschen in Österreich wollen wohl umgekehrt auch, dass ihnen geholfen wird, sollten sie bedroht werden.

VISION

„Wer Visionen hat, sollte zum Arzt gehen", hat Helmut Schmidt im Bundestagswahlkampf 1980 in einem Interview mit dem SPIEGEL über seinen Vorgänger Willy Brandt gesagt. Dem österreichischen Bundeskanzler Franz Vranitzky wurde später ein ähnliches Zitat zugesprochen, was er dementierte, wobei ihn die Aussage nicht störte. Die Rede des französischen Außenministers Robert Schuman vom 9. Mai 1950, mit der die Europäische Gemeinschaft für Kohle und Stahl (EGKS) und damit die Integration Europas begründet wurde, enthält eine Sicht der Zukunft, die von Tatkraft getragen sein müsse: „Europa lässt sich nicht auf einen Schlag herstellen und auch nicht durch eine einfache Zusammenfassung. Es wird durch konkrete Tatsachen entstehen, die zunächst eine Solidarität der Tat schaffen."[10] Aber ohne klare Vision hätte Schuman nicht Politik für ein Vereintes Europa machen können.

Wer den heutigen Zustand Europas betrachtet, wird zwar vor allem Analysen und Konzepte brauchen, aber gerade auch Visionen: Wie werden wir einen Zustand erreichen, in dem wir nicht mehr nur die Notwendigkeit einer europäischen Einigung diskutieren, sondern wie ein gemeinsames Europa für

---

10 Schuman-Erklärung: https://european-union.europa.eu/principles-countries-history/history-eu/1945-59/schuman-declaration-may-1950_de (Stand: 03.11.2023)

seine Bewohner:innen am besten funktioniert? Wir brauchen Emotionen, damit möglichst viele Menschen spüren, dass sie und ihre Kinder in einem geeinten Europa besser und sicherer leben werden. Wenn wir es emotional spüren, dann können wir es rational besser begreifen.

Wenn wir erklären, wie wir alle von einem geeinten Europa profitieren können, dann müssen wir auch zeigen, was alles noch nicht funktioniert. Das Versagen der Nationalstaaten war in der Corona-Pandemie ganz augenfällig. Während Beamt:innen der Kommission zu Beginn noch nach gemeinsamen Lösungen suchten, wiesen nationale Gesundheitsministerien darauf hin, dass es sich hier um Kompetenzen ihrer Regierungen handle. Kurz darauf wurden nationale Grenzen geschlossen, anstatt regionale Zusammenarbeit bei der Bekämpfung der Auswirkungen des Virus zu suchen.

Ich habe drei Visionen zu Europa.

Europa der Regionen

Schon vor Jahren hat mich der Vorarlberger Landeshauptmann Markus Wallner bei einer Fahrt über den Bodensee auf das gute Zusammenleben in seiner Region hingewiesen, unabhängig von Fragen des Nationalstaats. Und dann erzählte er noch, dass seine Töchter lieber nach Paris fahren als nach Wien, und mit der Bahn kommt man auch schneller in die französische Hauptstadt als durch den Berg ins ferne Wien. Da geht es nur um ein paar Minuten, aber es geht auch um das Gefühl junger Leute, die andere Sprachen sprechen und die europäische Kultur erleben wollen, die an ihr Leben, ihre Familie und ihre Zukunft denken, und nicht an ihre nationale Zugehörigkeit oder nationale Grenzen. Dass sich das Zugehörigkeitsgefühl nicht an Staatsgrenzen orientiert, bemerkt man auch an praktischen Problemen: Ganz im Osten unserer Republik kann weder Österreich alleine noch Ungarn alleine die Wasserprobleme des Neusiedler Sees lösen. Die Menschen in Vorarlberg hingegen wird die Austrocknung des Steppensees nicht so sehr bewegen.

Nach der Öffnung von Mauer und Stacheldrahtzaun konnte man genau beobachten, wo die Politik die sachliche Herausforderung des Zusammenlebens mit den Nachbarn gestaltet hat, und wo die Ideologie solchen Lösungen im Weg stand. Erwin Pröll, Landeshauptmann von Niederösterreich zwischen 1992 und 2017, kommt heute noch ins Schwärmen, wenn er davon erzählt, wie der Norden seines Bundeslandes vom Ende des Stacheldrahtes profitierte. Im Jahr 2003 wurde „Centrope" gegründet, eine Europaregion, die neben dem Osten Österreichs Teile Südmährens, der Westslowakei und Westungarns umfasst. Natürlich war der Ausbau der Infrastruktur, die vor dem Zweiten Weltkrieg in dieser Region selbstverständlich war, zentral. Pröll erzählt aber auch, wie er im Landtagswahlkampf 2003 mit einer FPÖ konfrontiert war, die massiv gegen die Osterweiterung der EU kampagnisierte und vor dem Verlust von Arbeitsplätzen durch Zuwanderung warnte. Pröll ist stolz darauf, dass er vor den Rechten nicht einknickte, sondern argumentierte, dass Österreich die Osterweiterung auch nützen könne. Er gewann die absolute Mehrheit.

In Kärnten sah FPÖ-Chef Jörg Haider die Stunde des Deutschtümelns gekommen. Und neuerlicher Kampagnen gegen Slowenien. Anstatt an einer gemeinsamen Region mit den Nachbarn Italien und Slowenien zu arbeiten, warf er der Regierung in Ljubljana anlässlich des 79. Jahrestages der Kärntner Volksabstimmung im Jahr 1999 vor, die Rechte der deutschsprachigen Minderheit nicht zu gewähren. Ausgerechnet Haider. Und er verband diesen Vorwurf mit der Drohung, Österreich werde den Beitritt Sloweniens zur EU verhindern. Haider hat seinem Land geschadet, weil er die

Chancen der regionalen Zusammenarbeit nicht gesehen oder auch nicht gewollt hat. Heute hingegen betont die Bundesregierung, wie wichtig der nahe Westbalkan für uns ist. Das stimmt auch, aber es fehlt ein breites Bewusstsein in der Bevölkerung dafür. Manche Länder warten schon zu lange auf den Beitritt zur EU, wobei beide Seiten versagten. In Bosnien-Herzegowina etwa reden alle hauptsächlich über die kriegerische Vergangenheit, aber nur wenig über gemeinsame Projekte in Europa. Der Beitritt dieser Länder muss auch durch konkrete Schritte und Mitarbeit in den europäischen Institutionen vorbereitet werden.

Europa der Vielfalt

Das größte Faszinosum Europas ist ja die immense Vielfalt auf kleinem Raum. Auf meinem Globus decke ich mit nur einer Hand unseren (Sub)-Kontinent ab. Groß ist Europa nicht, aber sehr vielfältig. 250 Sprachen werden hier gesprochen, zwischen dem Ural und dem Atlantik, zwischen der Barentssee und dem Mittelmeer haben sich viele unterschiedliche Kulturen entwickelt. Seit Menschen in Europa sesshaft wurden, wurden unendlich viele Kriege geführt. Um Land, Religionen, das Ego oder die „Ehre“ von Mächtigen. So wurden schon früh der Unterschied, die Gegensätze, die angebliche eigene Überlegenheit gesucht, um gegen andere Menschen vorzugehen. Der Nationalismus war dann mehr als nur Abgrenzung. Er führte in seiner „völkischen“ und rassistischen Variante der Nationalsozialisten dazu, andere zu ermorden, um selbst mehr „Lebensraum“ zu erobern. Die über 60 Millionen Toten des Zweiten Weltkriegs gehören ebenso zur Geschichte Europas wie der Aufbau einer Europäischen Union von einer gemeinsamen Verwaltung von Kohle und Stahl bis zu einem Bündnis, in dem Krieg nie wieder möglich sein wird. Gespräche in der Ukraine und in der Republik Moldau haben mir gezeigt, wie begeistert die Menschen für die europäische Einigung sind. Auch sie und eines Tages auch die Bewohner:innen Georgiens werden zur Vielfalt beitragen, und zu einem Europa des gegenseitigen Respekts.

Europa der Kulturen

Es gibt keine überlegene Kultur in Europa, die Nationen teilen sich nicht in „Fleißige" und „Faule", unser Leben hat oft nichts mehr mit nationalen Grenzen zu tun. Ich wünsche mir ein Europa des Respekts. Zunächst Respekt untereinander, aber auch Respekt für alle anderen Menschen auf der Erde. Wir wissen, dass das nicht immer so war in der europäischen Geschichte. Dazu gehören auch Eroberung anderer Kontinente und Ausbeutung anderer Länder. Wir können froh darüber sein, dass wir mit der Europäischen Menschenrechtskonvention des Jahres 1950 und dem Europäischen Gerichtshof für Menschenrechte einen Standard haben, der weltweit gültig sein sollte. Und gleichzeitig wissen wir, dass dem nicht so ist. Wir können unsere Menschenrechte niemandem aufzwingen, aber müssen so stark sein, sie nach innen und nach außen zu verteidigen. Gerade Putins Angriffskrieg gegen die Ukraine und die vorhergehenden Aktivitäten Russlands, ein hybrider Krieg gegen unser liberales Gesellschaftsmodell, zeigen, dass wir wehrhaft sein müssen. Gemeinsam als Europäer:innen. Es wäre schön, wenn meine Vision von unserer Zukunft nicht allzu weit entfernt wäre. Dass diese etwas komplizierter wird, das ist klar.

ZUKUNFT

Im Frühjahr 2023, als ich über das Konzept dieses Buches nachdachte, hatte ich den Krieg Putins gegen die Ukraine im Kopf, das Erstarken der extremen Rechten in Europa, die wachsende politische Spaltung in den USA, die Brutalität des iranischen Regimes gegen die eigene Bevölkerung.

Also genügend Material für viel Kopfweh. Dann kam noch der Terror der Hamas gegen Israel dazu, unterstützt von Moskau und Teheran, Kriegsangst im Nahen Osten mit der Gefahr der Einkreisung Israels, neue Drohungen Putins und seiner Freunde, und dazu Meldungen aus Peking, dass China trotz aller wirtschaftlicher Schwierigkeiten daran festhalten werde, bis 2049 die Erde politisch zu beherrschen, wobei die Führung in Peking es nobler formuliert, aber genau das meint – globale Dominanz.

Da sollen wir über die Zukunft Europas nachdenken? Ja, aber nicht im Sinne schlichten Euro-Zentrismus, der von den Realitäten längst überholt ist.

Europa ist eben unsere Heimat. Und was für eine einzigartige Heimat.

In China wurden wichtige Erfindungen gemacht, wie das Papier, das Schwarzpulver und der Magnetkompass. Zweifellos ist die chinesische Sprache in ihrer Komplexität etwas Besonderes, sowie ihre Philosophie. Jedoch die Aufklärung, die ab dem Ende des 17. Jahrhunderts den Menschen und seine Fähigkeit des selbstbestimmten Denkens in den Mittelpunkt stellte und mit ihm die individuellen Menschenrechte, die universell, also weltweit gültig sein müssen, sind eine europäische Erfindung. Sie sind eine Konsequenz des größten Verbrechens, des Holocaust, das wir nie vergessen dürfen. Menschen sind also lernfähig, das ist eine Botschaft der Menschenrechte, es sollte zumindest eine Hoffnung sein.

Leider müssen wir zur Kenntnis nehmen, dass die universellen Menschenrechte nicht überall anerkannt werden, im Gegenteil, dass autoritäre Regime im Vormarsch sind. Dazu kommt, dass niemand sagen kann, wie sich die Politik in den USA entwickeln wird. Mike Johnson, im Oktober 2023 neu gewählter Speaker des Repräsentantenhauses, antwortet auf die Frage nach seiner politischen Ausrichtung, man müsse nur in die Bibel schauen. „Gott ist derjenige, der die Obrigkeit einsetzt", hieß es bei Johnsons Antrittsrede am 26. Oktober 2023. Das klingt nach einem neuen Gottesgnadentum, einem Rückschritt ins Mittelalter. Dabei hat Donald Trump diese Entscheidung getroffen, der wenig mit den Zehn Geboten im Sinn hat, was wieder die Irrationalität zeigt, die sich auch in den USA breit macht. Trump würde sich im Falle einer Wiederwahl jedenfalls von Europa distanzieren und seine Freundschaft mit Putin ausleben, zu unserem Nachteil, zum Schaden Europas.

Gleichzeitig müssen wir uns unserer Abhängigkeit von China bewusst sein. Diese werden wir nur durch eine neue Industrialisierung erreichen, die manche Produkte teurer machen wird – und für die uns noch die gut ausgebildeten Arbeitskräfte fehlen. Dass bei mehr eigener Produktion auch manche Preise steigen, ist ein Nebeneffekt, den die Politik gerne verschweigt. China und die USA sind uns auch bei der Entwicklung und beim Einsatz von Künstlicher Intelligenz überlegen. Und zusätzlich stellen die modernen Technologien eine Gefahr für unsere Demokratie dar. Bill Clinton hatte noch im Jahr 2000 gehofft, dass Mobiltelefone überall zur Freiheit beitragen würden, weil Informationen weltweit verfügbar werden. Heute wissen wir, wenn wir auf die unzähligen Seiten im Internet schauen, dass wir in Gefahr sind, eher weniger gesichert zu wissen. Gerade autoritäre Regime und deren Troll-Fabriken können jedes Faktum ins Gegenteil verkehren. Und da stehen wir erst am Anfang.

Mittels Morphing kann man jedes Gesicht jeden beliebigen Satz sprechen lassen, ohne dass gleich klar ist, ob hier das Original spricht, oder Künstliche Intelligenz im Spiel ist. Diktaturen, aber auch Terrorgruppen wie die Hamas arbeiten bereits mit bestens organisierten Fake News. Die Gefahr für unsere Demokratie liegt auf der Hand. Kluge Menschen meinen, dass letztlich nur Instrumente der Künstlichen Intelligenz diese werden kontrollieren können.

Yoshua Bengio, einer der Väter der Künstlichen Intelligenz, meinte in einem Interview mit der Frankfurter Allgemeinen Sonntagszeitung im Oktober 2023: „Wir brauchen eine multilaterale Organisation zum Schutz der Menschheit, angeführt von den Demokratien. Diese Organisation muss dann Vorkehrungen für den Fall treffen, dass ein Akteur KI einsetzt oder sogar die Kontrolle verliert." Wie schwer sich multilaterale Organisationen tun, erleben wir gerade. Aber für Europa wäre das eine lohnende Aufgabe.

Schließlich führt auch die Geografie Europas zu größeren Herausforderungen. Wie sich eine russische Führung nach Putin Richtung Westen positioniert, werden wir erst sehen. In einem Gespräch mit dem russischen Soziologen Lew Gudkow, dem einzigen unabhängigen Meinungsforscher des Landes, wurde mir klar, dass Putin seine Anerkennung daraus zieht, dass er den Menschen wieder das Gefühl geben konnte, Teil einer Großmacht zu sein. Er spricht von „negativer Identität", also von der Notwendigkeit, andere als Feind:innen abzuwerten. Wie soll daraus eine amikale Nachbarschaft werden?

Dazu kommt die Nähe zu Afrika, dem jüngsten Kontinent in Hinblick auf das Bevölkerungsalter, wo es sehr unterschiedliche Entwicklungen gibt. Das koloniale Erbe macht die Zusammenarbeit mit den afrikanischen Staaten nicht einfach, dazu kommt China mit aggressivem Begehren nach den Bodenschätzen. Die Migration aus dem afrikanischen Kontinent wird sich auch nur in Kooperation reduzieren lassen. Und gleichzeitig müssen wir uns spät aber doch darum kümmern, den Zuwandernden klarzumachen, dass zum Leben in Europa Rechtsstaat und Religionsfreiheit gehören, vor allem aber auch die individuellen Menschenrechte und Respekt für jede einzelne Person und ein Grundwissen über europäische Geschichte, wozu auch der Holocaust gehört. Wir dürfen nicht einmal Ansätze von Antisemitismus dulden. Das müssen wir aus der Vergangenheit gelernt haben, das ist Grundlage für das Zusammenleben in einer liberalen Demokratie, die wir verteidigen müssen.

Und noch ein Thema: Der Klimawandel. Hier hat die Europäische Kommission ehrgeizige Ziele festgelegt. Und hier macht mich optimistisch, dass viele junge Leute viel bewusster Nachhaltigkeit leben, als das in den letzten Jahrzehnten der Fall war.

Alles in allem warten mehr Herausforderungen auf die Menschen in Europa als in den letzten Jahrzehnten. Da macht nur optimistisch, dass seit Ende des Zweiten Weltkriegs in Europa im Zweifel Vernunft und Zusammenhalt stärker waren als Vorurteile und Zank. Und die Europäische Union noch aus jeder Krise stärker hervorgegangen ist. Das wird hoffentlich so bleiben.

Christa Chorherr

BILDER

Der Balkon des Belvedere am 15. Mai 1955

Es war der 15. Mai 1955, inmitten von Tausenden stand ich erwartungsvoll im Belvedere-Park. So lange hatten wir gewartet, immer waren wir enttäuscht worden, jetzt war es so weit. Österreich sollte endlich ein freies Land sein! In meinem Bewusstsein hat der Staatsvertrag bis heute ungebrochen einen hohen emotionalen Stellenwert. Ich empfand die Vertragsunterzeichnung als Meilenstein der Zweiten Republik. Die fast zehn Jahre währende Forderung nach der Unterzeichnung des Vertrags stand für uns Jugendliche damals stets mit der Forderung nach Freiheit und Souveränität Österreichs in Verbindung. Wir wollten in einem freien, souveränen Land leben, gleichgestellt mit anderen europäischen Ländern.

Der Wunsch nach dieser Freiheit war es wohl auch, der uns alle in den Belvedere-Park getrieben hatte. Es war ein trüber, sogar etwas kühler Maitag. Ich war mit einer Studienkollegin unterwegs. Wir waren erwartungsvoll gestimmt. Wir befanden uns mit vielen, vielen anderen im Park unterhalb des

Schlosses. Die Auffahrt der Autos der Teilnehmer:innen konnten wir daher nicht verfolgen, damals wurde noch nicht alles auf Großleinwand übertragen. Ich glaube mich zu erinnern, dass es einen Kommentar der Ereignisse via Lautsprecher gab. Allerdings haben wir alle später die Dokumentationen, Ausstellungen etc. über diese Ereignisse gesehen. Daher gehe ich davon aus, dass mein Erinnern auch von diesen späteren Erlebnissen stark geprägt ist.

Da standen sie auf dem Balkon, so ganz genau konnte man aus der Ferne nicht erkennen, wer da wo auf dem Balkon stand. Sicher waren es die Außenminister der Signatarmächte (Molotow, Macmillan, Dulles, und Pinay), dahinter wohl deren Botschafter bzw. Gesandte (Iljitschow, Wallinger, Thompson, Lalouette), sowie der strahlende österreichische Außenminister Figl. Auch Bundeskanzler Raab war da zu sehen, schließlich hatte er in Moskau mitverhandelt. Leopold Figl hatte den Vertrag in der Hand, den er der jubelnden Menge zeigte. Daran kann ich mich sicher erinnern, dass es Dulles war, der begonnen hatte, den begeisterten Menschen zuzuwinken. Zu unser aller Erstaunen folgte dem auch Molotow.

Ich war damals Studentin, aber die Staatsvertragsverhandlungen hatten wir von Anfang an schon als Kinder verfolgt. Uns war vor allem die Besatzung zuwider gewesen, wobei ich privilegiert war, weil ich sowohl in der amerikanischen Zone gewohnt habe als auch in die Schule gegangen bin. Besonders zu Kindern waren die Soldaten (aller Nationen) freundlich, wir wurden zu allen möglichen Ereignissen eingeladen, z.B. auf Kakao und Doughnuts. Auch kleine Geschenke bekamen wir. Und ich hatte außerdem das große Glück, heiß begehrte CARE-Pakete aus den USA zu bekommen.

Ich erinnerte mich, als ich Thompson auf dem Balkon sah! Wir waren zum Carol-Singing in der Vorweihnachtszeit zum damaligen Hochkommissar und späteren Botschafter Llewellyn E. Thompson eingeladen gewesen. Der große Christbaum in der Halle seiner Villa war schon in der Vorweihnachtszeit geschmückt gewesen (damals kannte ich noch keine Christbäume vor dem Heiligen Abend). Ich wusste damals im Belvedere-Park, dass sich Thompson sehr für österreichische Angelegenheiten eingesetzt hatte und letztlich zurecht begeistert auf dem Balkon stand.

Für mich war die Welt damals noch einfach erklärt: Die Amerikaner waren die „Guten", die Russen waren die „Bösen". Ich war begeisterte Radio-Hörerin (Sender Rot-Weiß-Rot, später Blue Danube Radio), las die Zeitung (Neues Österreich) und sah die so genannten Wochenschauen, also die Austria Wochenschau. Die „Schwarz-Weiß"-Haltung gegenüber der Besatzungsmacht wurde gestärkt einerseits durch den Marshall-Plan und das Fulbright-Programm und andererseits durch das russische Verhalten gegenüber dem deutschen Eigentum (komplett beschlagnahmt und abtransportiert) sowie die Funktion der USIA-Betriebe.

Das alles würde nun mit dem Staatsvertrag ein Ende haben. Die Soldaten würden abziehen, der Alliierte Rat würde seine Rechte der Intervention verlieren, Österreich könnte endlich den Vereinten Nationen beitreten. Eigentlich hatte die Europäische Einigung ja schon begonnen (z.B. Gründung der Montanunion 1951). Ob ich damals, am 15. Mai, schon darüber nachgedacht hatte, meine Dissertation über einen möglichen österreichischen Beitritt zur EWG zu schreiben, kann ich heute nicht mit Sicherheit sagen.

Der Balkon des Schlosses Belvedere von Prinz Eugen als Kontrapunkt des Hofburg-Balkons am Heldenplatz.

ERLEBNISSE

Mein Weg nach Europa
Ich hatte gerade den ersten Teil meines Studiums abgeschlossen und entschieden, dass ich doch weiter studieren wollte. Das bedeutete, dass ich mich um ein Stipendium umschauen musste, damit ich das auch (um die Unterstützung durch die Eltern zu verringern) finanzieren konnte. Und wenn schon, dann wollte ich im Ausland studieren. „Europa" begann sich gerade zu manifestieren, es war Mitte der fünfziger Jahre, so fragte ich im Institut français d'Autriche nach. Eigentlich war das ein wenig impertinent, denn meine Französisch-Kenntnisse waren äußerst mangelhaft, (nur Freifach in der Oberstufe, mit einer Lehrerin, naja, wir mochten einander nicht).

Dennoch ich erhielt ziemlich rasch ein Stipendium für ein halbes Jahr in Nancy, am Centre Européen Universitaire, wie es jetzt heißt. Es war schon 1950 gegründet worden, und hatte den klaren Auftrag, junge Akademiker:innen aus allen Ländern Europas „europäisch" auszubilden.

Es war ein großartiges halbes Jahr, das mich langfristig geprägt hat. Studierende kamen aus allen Ecken und Enden Europas, auch aus Staaten, die sich noch lang hinter dem Eisernen Vorhang befinden würden. Auch aus France d'outremer waren Studierende anwesend. Damals waren es noch viel mehr Studenten als Studentinnen. Die Studenten wohnten im Chateau, wo auch alle Diskussionsrunden stattfanden und sich die Mensa befand. Wir Studentinnen wohnten in einem etwas abgewohnten Hotel ganz in der Nähe, mit relativ wenig Komfort (aus heutiger Sicht – es störte uns aber nicht im Geringsten). Die großen Vorträge fanden in einem Gebäude am beeindruckenden Place Stanislav statt.

Die Vorträge waren inspirierend, es kamen nicht nur Professor:innen aus Nancy, sie kamen aus Paris, ebenso wie Politiker:innen – mit vielen (für mich) neuen – europäischen – Sichtweisen. Es wurde auch europäische Geschichte unterrichtet, unter dem Schlagwort „Kosmopolitismus". Damals hörte ich zum ersten Mal (und lange nicht wieder) das Wort Kybernetik – und was dahintersteckt.

Ich war fasziniert und sehr europäisch motiviert.

Und in Nancy wurden wir freundlich betreut und integriert. Anfangs gab es einen Cocktail, zu dem alle Studierenden und französischen Familien eingeladen waren, um einander kennen zu lernen. Von da an verbrachte keine:r von uns seinen Sonntag allein. An vielen Sonntagen waren wir meist zum Mittagessen bei diesen Familien geladen und spazierten am Nachmittag gemeinsam mit ihnen durch Nancy – wobei uns alles erklärt wurde.

Meine Französisch-Kenntnisse verbesserten sich rasch. Ich konnte vieles bereits verstehen – vor allem bei den Vorträgen, wenn mir das Thema nicht fremd war. Und Schwatzen ist mir noch nie schwergefallen. Wir wurden auf Ausflüge in die Umgebung eingeladen, ein Picknick in Pont-à-Mousson ist mir besonders in Erinnerung geblieben. Selbstverständlich gab es eine Besichtigung von Colmar und seinen Schätzen, wie z.B. dem Isenheimer Altar. Ich kann mich an eine Radtour erinnern, die uns nach Domrémy bringen sollte, aber dann doch früher abgebrochen wurde. Aus manchen dieser Begegnungen entstanden jahrelange Freundschaften.

Damals wünschte ich mir, nach dem Studium für die startende EWG zu arbeiten. Ich wurde diesbezüglich leider tief enttäuscht. Österreich war kein Mitglied! Das hinwieder führte direkt zum Thema meiner Dissertation, die ich damals vorbereitete – nämlich, dass Österreich frühestmöglich der EWG beitreten solle. Ich verfasste meine Dissertation.

Jener Teil, auf den ich so großen Wert gelegt hatte, nämlich eine ökonometrische Begründung für diesen Betritt, wurde gestrichen, der Rest approbiert. Allerdings bei der Jobsuche war dann diese Dissertation ein wenig hinderlich, da damals viele Menschen in staatlichen Einrichtungen dem Österreich Beitrittswunsch negativ entgegenstanden.

Aber zu einem Beitritt war noch ein langer Weg, und dann war ich leider nicht involviert.

GESCHICHTE

Die Abstimmung zum EU-Beitritt

Am 12. Juni 1994 entschieden sich zwei Drittel der Österreicher:innen für den Beitritt zur Europäischen Union. Meine Enkeltochter wurde am 11. Juni 1994 getauft. Es war ein großes Familienfest. Die Taufe fand in Pernitz bei den Myrafällen statt.

Natürlich war – am Vorabend der Abstimmung über den Beitritt Österreichs zur EU – auch im Familienkreis die Rede davon, wie wohl die Abstimmung ausgehen würde. Man war auch sehr offen über das eigene Abstimmungsverhalten. Und siehe da, alle der Anwesenden planten, für den Beitritt zu stimmen. Nun, in unseren Familienkreisen ist man politisch sonst nicht immer eines Sinnes, anwesend waren treue ÖVP- sowie SPÖ-Anhänger:innen, aber auch Grüne. Sogar (wenige) Anhänger:innen des LIF (Liberales Forum) waren darunter. Das Liberale Forum war eine liberale Partei in Österreich.

Der Weg zu dieser Abstimmung war aus mehreren Gründen dornig gewesen. Nach dem Zweiten Weltkrieg hatte Österreich erst im Staatsvertrag 1955 seine staatliche Souveränität wiedererlangt. In Artikel 4 des Staatsvertrags, dessen Garantiemächte die vier Siegermächte Sowjetunion, Großbritannien, Frankreich und die Vereinigten Staaten waren, verpflichtete sich Österreich, „keine wie immer geartete politische oder wirtschaftliche Vereinigung mit Deutschland ein[zu]gehen" („Anschlussverbot"). In den folgenden Jahrzehnten wurde dieser Passus so interpretiert, dass dadurch ein Beitritt Österreichs zur Europäischen Wirtschaftsgemeinschaft, zu deren Gründungsmitgliedern die westdeutsche Bundesrepublik gehörte, unmöglich sei. Auch wenn dagegen argumentiert wurde, dass der westdeutsche Staat nur einen Teil der multinationalen EWG ausmache, beharrte insbesondere die Sowjetunion bis zuletzt auf diesem Standpunkt. Trotzdem kam es zu einer Vielzahl von Abkommen zwischen der EWG und Österreich.

Die Neutralität Österreichs wird nun auch weiterhin laufend diskutiert.

Nach der Auflösung der Sowjetunion in den Jahren 1989–91 erschien die Möglichkeit eines EU-Beitritts nunmehr gegeben. Der Beitritt wurde von den meisten führenden politischen Exponent:innen und Parteien in Österreich befürwortet, so auch von dem seit 1986 amtierenden Bundeskanzler Franz Vranitzky (SPÖ), der ab 1987 in einer Koalition mit der ÖVP regierte.

Gegen den EG-Beitritt hatten sich die Freiheitliche Partei Österreichs (FPÖ) unter Jörg Haider, die Grünen und kleinere Gruppierungen im linken Spektrum ausgesprochen. Die FPÖ hatte anfänglich einen EWG-Beitritt befürwortet, aber dann ihre Einschätzung geändert. Das Hauptargument der FPÖ war der angebliche Bürokratismus und Zentralismus der Brüsseler EG-Gremien, der zu einem Verlust der österreichischen Identität führen würde. Im Wahlkampf bediente sich die FPÖ schon damals ausgesprochen populistischer Argumente. Die Regierungsparteien SPÖ und ÖVP argumentierten vor allem mit den zu erwartenden wirtschaftspolitischen Vorteilen des gemeinsamen Marktes. In Tirol befürchteten EU-Gegner:innen eine massive Zunahme des Nord-Süd-Transitverkehrs über den Brennerpass mit entsprechenden negativen Folgen für die Umwelt und den Tourismus. Landwirt:innen befürchteten einen Einkommensverlust durch die Angleichung an das merklich niedrigere Preisniveau für Agrarprodukte in der EU.

Die Grünen und Linken misstrauten der kapitalistischen und westlichen Orientierung der EG sowie den angeblich ungenügenden Umwelt-Standards. Außerdem würde sich die EU mit ihrer restriktiven Asyl- und Migrationspolitik gegenüber der restlichen Welt abschotten.

Am 29. Juni 1989 kam es zu einer Entschließung des Nationalrats, in der die Regierung aufgefordert wurde, die Mitgliedschaft Österreichs bei den Europäischen Gemeinschaften zu beantragen. Dieser Antrag wurde am 17. Juli 1989 dann offiziell gestellt. Am 1. Februar 1993 wurden die Beitrittsverhandlungen der EG mit Österreich (und auch mit Schweden und Finnland, sowie wenig später auch Norwegen) begonnen und am 12. April 1994 abgeschlossen. Auch das war ein Prozess, den wir aufmerksam verfolgten, besonders im Fernsehen. Am 5. Mai 1994 stimmte der Nationalrat mit 140 gegen 35 Stimmen dem Beitritt zu und am 7. Mai 1994 folgte die Zustimmung des Bundesrats mit 51 gegen 11 Stimmen.

Am 9. Mai 1994 ordnete Bundespräsident Thomas Klestil die Durchführung einer Volksabstimmung am 12. Juni 1994 über den EU-Beitritt an.

Der Wahlkampf war heftig. Ich war damals mit meiner Tochter und zweien ihrer Kinder unterwegs. Der ältere der beiden jagte gerade Tauben auf dem Stephansplatz. Es wurden zu dieser Zeit Straßenbefragungen durchgeführt. Eine junge Mama mit zwei Kindern (einem Kinderwagen und einem Trittroller) war gerade ein guter „Fang“, für die Befrager.

Meine Tochter sprach sich selbstverständlich für einen Beitritt aus, mir – danebenstehend – wären vielleicht sogar noch mehr „Pro-Argumente“ eingefallen.

Es gab damals ein gemeinsames Ziel, das von der Politik und der Mehrzahl der Bevölkerung angestrebt wurde.

PERSÖNLICHKEITEN

Die bewundernswerten Gründerväter

Nach vor wie bewundere ich jene Männer (ja, es waren damals nur Männer) die nach dem Zweiten Weltkrieg den Mut aufbrachten, einander über Grenzen hinweg zu verständigen und ein Friedensprojekt mit ehemaligen Feinden zu starten. Sie hatten wohl ihre Lektion aus den Fehlern gelernt, die nach dem Ersten Weltkrieg bei den „Friedensverhandlungen“ (Diktatfrieden) gemacht worden waren. Ich habe leider keinen von ihnen je persönlich kennengelernt, aber geschätzt und bewundert habe ich sie allemal.

Es gab eine Vorläufer-Bewegung: Der von Richard Coudenhove-Kalergi vorgeschlagene europäische Staatenbund von Polen bis Portugal, den er Paneuropäische Union oder Vereinigte Staaten von Europa nannte, sollte als ein politischer und wirtschaftlicher Zweckverband einen erneuten Weltkrieg verhindern.

Seine Ideen trafen auf einen grassierenden Nationalismus nach dem Ersten Weltkrieg. Coudenhove-Kalergi forderte Frankreich und Deutschland auf, ihre Streitigkeiten beizulegen und sich stattdessen auf ihre Gemeinsamkeiten zu konzentrieren. Den skandinavischen Staaten dachte er die Rolle zu, für eine Einigung Europas die Initiative zu ergreifen und als Vermittler zwischen den verfeindeten europäischen Staaten zu fungieren. In den Jahren 1933 bis 1936 versuchte Coudenhove-Kalergi in mehreren Treffen vergeblich, den faschistischen Diktator Mussolini für die Paneuropa-Idee zu gewinnen.

Nach dem Zweiten Weltkrieg war die Situation eine andere. Zuallererst sind wohl in diesem Zusammenhang Conrad Adenauer und Charles de Gaulle zu nennen – der am 22. Januar 1963 von beiden unterzeichnete Élysée-Vertrag begründete die deutsch-französische Zusammenarbeit. Der Vertrag sollte in Frankreich und der Bundesrepublik Deutschland geregelte Konsultationen zur Koordination und gemeinsamen Planung aller wichtigen Fragen der Außen-, Sicherheits-, Jugend- und Kulturpolitik sicherstellen. Er war in Deutschland, den USA, Großbritannien und anderen Ländern umstritten und führte zu Unstimmigkeiten und Protesten. Das Abkommen brachte beide Länder nach langer „Erbfeindschaft“ und verlustreichen Kriegen einander näher, führte aber entgegen der verbreiteten Meinung zu keiner tiefgreifenden Kooperation in Fragen der Wirtschaft, Forschung, Verteidigungs- und Außenpolitik. Juristisch gilt der Vertrag als inhaltsleer, er hat keine Verbindlichkeit und ist die Basis für eine lediglich freiwillige Zusammenarbeit. Seine Bedeutung wird hauptsächlich in der politischen Symbolik von Versöhnung und Freundschaft gesehen.

Es darf auch nicht vergessen werden, dass es Churchill war, der als britischer Premierminister den Begriff der Vereinigten Staaten von Europa als Garant für den Frieden bekanntmachte. In seiner Rede an der Universität Zürich im Jahr 1946 forderte Churchill die Europäer:innen auf, die Schrecken der Vergangenheit hinter sich zu lassen und in die Zukunft zu blicken. Er erklärte, dass Europa es sich nicht leisten könne, am Hass und an der Rachsucht festzuhalten, die von den Verletzungen der Vergangenheit herrührten. Der erste Schritt wäre somit, die „Europäische Familie“ von Gerechtigkeit, Nachsicht und Freiheit wiederherzustellen und „eine Art

Vereinigte Staaten von Europa zu schaffen. Nur so werden Hunderte Millionen hart arbeitender Menschen die einfachen Freuden und Hoffnungen zurückgewinnen können, die das Leben lebenswert machen."[11]

Robert Schuman war ein französischer Staatsmann mit ursprünglich deutscher Staatsbürgerschaft. Geboren wurde er als Reichsdeutscher in Luxemburg. Im Ersten Weltkrieg war er in der deutschen Verwaltung tätig, nach der Rückkehr Lothringens zu Frankreich wurde er französischer Staatsbürger. Im Zweiten Weltkrieg schloss er sich der französischen Résistance an. Schuman war französischer Ministerpräsident, als Außenminister setzte er sich für die Aussöhnung mit Deutschland und die deutsch-französische Freundschaft ein und bereitete den Weg zur Schaffung der Montanunion vor („Schuman-Plan").

Der Schuman-Plan ist ein grundlegender politischer Plan für eine Zusammenlegung der deutschen und französischen Kohle- und Stahlproduktion nach dem Zweiten Weltkrieg: „Die französische Regierung schlägt vor, die Gesamtheit der französisch-deutschen Kohle- und Stahlproduktion einer gemeinsamen Hohen Behörde zu unterstellen, in einer Organisation, die den anderen europäischen Ländern zum Beitritt offensteht."[12] Die dringlichen Aufgaben der Obersten Behörde wurden wie folgt skizziert:

- die Modernisierung der Produktion und die Verbesserung der Qualität;

---

11 Aus Churchills Rede: https://european-union.europa.eu/principles-countries-history/history-eu/eu-pioneers/winston-churchill_de (Stand: 18.10.2023)

12 Aus der Schuman-Erklärung: https://european-union.europa.eu/principles-countries-history/history-eu/1945-59/schuman-declaration-may-1950_de (Stand: 18.10.2023)

- die Lieferung von Kohle und Stahl auf dem französischen und deutschen Markt sowie auf den Märkten aller beteiligten Länder zu gleichen Bedingungen;
- die Entwicklung gemeinsamer Ausfuhren in andere Länder;
- die Verbesserung der Lebensbedingungen der Arbeiterschaft dieser Industrien.

Der Plan führte zur Gründung der Europäischen Gemeinschaft für Kohle und Stahl und erwies sich so als wichtige Grundlage für den Prozess der europäischen Integration.

Jean Omer Marie Gabriel Monnet (* 9. November 1888 in Cognac, Frankreich; † 16. März 1979 in Bazoches-sur-Guyonne, Département Yvelines bei Paris) war ein französischer Unternehmer. Er gilt als der Wegbereiter der europäischen Einigungsbestrebungen, ohne je Politiker im Sinne eines gewählten Mandatsträgers gewesen zu sein – er war nie Regierungschef oder Minister. Monnet wird als „Vater Europas" bezeichnet.

Vor seiner politischen Karriere in Frankreich bzw. Westeuropa nach dem Zweiten Weltkrieg war er im Unternehmen seiner Familie, in der internationalen Wirtschaftsverwaltung, als Koordinator für Rüstungskooperationen in beiden Weltkriegen und als stellvertretender Generalsekretär des Völkerbundes tätig. Am besten bekannt wurde er als der politische Architekt, der die Pläne zum Zusammenschluss der westeuropäischen Schwerindustrie verwirklichte. Seine Einigungskonzeption folgte dabei den Grundsätzen des politischen Funktionalismus und dem Spill-over-Effekt, wonach sektorale Integration zu einer Verflechtung immer weiterer

Sektoren und schließlich zum Endstadium einer allgemeinpolitischen Föderation führt.[13]

Und es sind nicht nur die Gründerväter, die für dieses heutige Europa gesorgt haben, es sind die vielen Menschen, die dann für die Erweiterungen tätig waren, meist im Hintergrund. Im Falle des Beitritts Österreich waren es zwei Personen, die ich persönlich kennenlernen durfte, die während der Verhandlungen und später bei den ersten Schritten geholfen haben: Es waren die Botschafter Wolfgang Wolte und Manfred Scheich!

VISION

Erasmus führt den Weg

Ich sehe bei der Jugend die Wirkung des Erasmus-Programms. Diese jungen Menschen sind primär Europäer:innen geworden. Sie sind nicht nur mehr Österreicher:innen, Deutsche, Französinnen und Franzosen etc. Ja, das sind sie auch, wie ich z.B. Wienerin bin, aber genauso Österreicherin und Europäerin. Und wir benötigen Europäer:innen, denen die europäische Politik ein Anliegen ist, die an Europawahlen teilnehmen, sich interessieren, welche Kandidat:innen aufgestellt werden, die sich nicht von einigen Politiker:innen ins Bockshorn jagen lassen und glauben, dass die EU an all ihrem Unglück schuld ist. Wir brauchen viel mehr „Erasmus". Und deshalb muss es möglich sein, dass jede:r Europäer:in die Kandidierenden europaweit auswählen kann.

13 Aus EPRS (Wissenschaftlicher Dienst des Europäischen Parlaments): BRIEFING – Geschichtsreihe der Europäischen Union: „Robert Schumann", https://www.europarl.europa.eu/RegData/etudes/BRIE/2019/637930/EPRS_BRI(2019)637930_DE.pdf (Stand: 18.10.2023)

Das Erasmus-Programm ist ein Förderprogramm der Europäischen Union. Sein Name erinnert an Erasmus von Rotterdam, einen europäisch gebildeten Humanisten der Renaissance. Es wurde zum weltweit größten Förderprogramm von Auslandsaufenthalten an Universitäten, über Europa hinaus erweitert seit dem Jahr 2003 durch das Zusatzprogramm Erasmus Mundus, und finanzierte bis dahin in seinen ersten rund 15 Jahren etwa 1 Million Stipendien. Seit dem Jahr 2014 ist Erasmus mit anderen EU-Programmen zu dem integrierten Programm Erasmus+ für allgemeine und berufliche Bildung, Jugend und Sport verschmolzen.

An dem Programm nehmen alle 27 Mitgliedsstaaten der EU sowie fünf weitere europäische Länder (Norwegen, Island, Liechtenstein, Schweiz, Türkei) teil. Es sollte m.E. dringend auch auf Beitrittskandidaten ausgeweitet werden, gerade dort sollte man Jugendlichen die Chance geben, „Europäer:innen zu werden". Trotz Brexit sollte es auch für Großbritannien gelten. Denn dort gibt es Studien, die sonst nirgends angeboten werden.

Zentrale Bestandteile des Erasmus-Programms sind die Anerkennung von Studienleistungen im Ausland anhand des European Credit Transfer Systems (ECTS) und die finanzielle Unterstützung von Austauschstudierenden. Es können Studienaufenthalte, Auslandspraktika im Rahmen des Studiums, Lehraufenthalte sowie Fortbildung von allgemeinem Hochschulpersonal gefördert werden. Das Erasmus-Programm steht allen Studierenden offen, die an einer teilnehmenden Hochschule regulär studieren. Entsprechendes gilt für das Lehr- und Verwaltungspersonal. Voraussetzung ist allerdings, dass die entsendende und die aufnehmende Hochschule ein entsprechendes bilaterales Abkommen haben. Auch benötigen alle Hochschulen, die im Rahmen des

Erasmus-Programms aktiv werden wollen, eine Erasmus University Charter.

Erasmus+ ist ein Programm der Europäischen Union zur Förderung der Zusammenarbeit von Bildungseinrichtungen und die Mobilität von Einzelpersonen im Bereich der allgemeinen Bildung und beruflichen Bildung, von Jugend und Sport. Das Programm richtet sich an Schüler:innen, Lehrlinge, Studierende, Lehrkräfte, Pädagog:innen, sowie an Jugendliche und an allgemeines Verwaltungspersonal. Gefördert werden Kurzzeit- und Langzeitaustausche, Einzel- und Gruppenbegegnungen. Nach dem Grundsatz des lebenslangen Lernens besteht die Möglichkeit zu Studienaufenthalten, Praktika, Lehr- und Fortbildungsaktivitäten, Jugendaustausch, Jugendarbeit und Maßnahmen im Bereich des Sports in ganz Europa und teilweise darüber hinaus.

Erasmus+ verfolgt seit 2021 vier inhaltliche horizontale Prioritäten:

- Inklusion und Vielfalt
- Digitaler Wandel (als Teil des Digital Education Action Plan)
- Umwelt und Bekämpfung des Klimawandels (im Zusammenhang mit dem European Green Deal)
- Teilhabe am demokratischen Leben

Sehr wichtig fände ich, europaweit Demokratieverständnis – für alle Bürger:innen – zu fördern. Wir haben Mitgliedsstaaten (und Beitrittskandidaten), in denen illiberale Verhältnisse herrschen. Viele der dort lebenden Menschen sind von objektiven Informationen ausgeschlossen.

Aber dazu muss es auch aufhören, dass abgetakelte Politiker:innen als Abgeordnete ins europäische Parlament geschickt werden. Dazu muss (und kann) auch aufhören, dass jedes Mitgliedsland eine:n Kommissar:in stellt. Es sollten auch zwei oder mehr Kommissar:innen aus einem Land kommen können, denn es sollte ausschließlich und primär die Kompetenz (und minimale Sprachkenntnisse, Verbesserungen können laufend erworben werden) dieser Personen für die vorgesehenen Ämter zählen. Azubis in diesen Positionen werden nicht benötigt.

Jedes Amt – auch in der Kommission – sollte mit gewählten Personen besetzt werden und nicht von den Ländern bestimmt werden. Es gibt innerhalb der EU noch immer Strukturen, die aus der glorreichen Zeit von nur sechs homogenen Mitgliedern stammen. Wir sind jetzt 27 Staaten und werden wahrscheinlich doch bald noch mehr werden.

Es muss eine neue Verfassung der EU geben, es geht nicht an, dass ein Land oder vielleicht sogar zwei oder drei Länder notwendige Maßnahmen blockieren können. Durch dieses elendslange Kompromiss-Suchen (das manchmal sicher notwendig und wichtig ist und auch als eine Stärken der EU gilt) wird Wichtiges zu stark verwässert und vor allem verzögert.

In Zeiten wie diesen muss auch rasch entschieden werden. Ich bin für den Weg der weiteren Vertiefung der EU, es gibt Politikfelder, die in die Kompetenz der EU transferiert werden müssen. Die Erweiterungen sind ohnedies durch festgelegte Prozeduren geregelt. Aber dennoch gibt es Kandidaten, deren Größe und Zustand die derzeitige EU überfordern könnten. Hier muss trotz aller Euphorie mit Vorsicht gehandelt werden.

ZUKUNFT

Die EU muss eine politische Rolle – adäquat zu ihrer wirtschaftlichen Macht – in der Welt spielen

Die EU ist weltweit eine große Wirtschaftsmacht, aber auf der politischen Bühne spielt sie leider keine so bedeutende Rolle. Warum? Militärisch verlässt sie sich weitgehend auf die

NATO, die meisten EU-Mitglieder sind auch NATO-Mitglieder, dennoch geben in der NATO die USA den Ton an.

Wenn die EU politisches Gewicht erreichen soll, muss sie zu allererst ihre eigenen Zwistigkeiten lösen. Es stehen innerhalb der EU einander zwei ungleich große Blöcke gegenüber, die höchst unterschiedliche Zielsetzungen z.B. betreffend Rechtsstaatlichkeit, Menschenrechte, Unterstützung der Ukraine etc. haben. Es wird nicht einfach sein, ja Kompromissfreudigkeit ist erforderlich, aber es geht einfach nicht an, dass diese wenigen Nationen Vieles blockieren, das vierundzwanzig andere anstreben. Dafür müssen neue Regeln gefunden werden, denen wahrscheinlich diese neuerdings drei (Polen, Ungarn und jetzt auch Slowakei) nur schwer zustimmen werden.

Um die sozialen Probleme der EU lösen zu können, muss dringend eine einheitliche Vorgehensweise für die Migration und Integration gefunden werden. Aber wenn manche Länder die ankommenden Geflüchteten nur zum nächsten Nachbarland durchwinken, und dieses dann keine Möglichkeit der Zurückweisung sieht, führt das zu bösen Differenzen. Es wird auch keine Lösung sein, die Grenzen des Schengenraumes nach und nach alle zu schließen. Wir alle sollten nicht vergessen, dass das Mittelmeer einst das „mare nostrum“ gewesen ist. Wir – die EU – dürfen die Maghreb-Staaten nicht nur als Bollwerke gegen den „Flüchtlingsstrom“ sehen: Wir bezahlen sie – und sie halten uns die Flüchtlinge vom Leib. Das ist zynisch und „uneuropäisch“, denn diese Länder setzen die Flüchtlinge durchaus in der Wüste ohne Schutz, Nahrungsmittel und Wasser aus. Wir müssen vielmehr helfen, dass sich diese Länder selbst wirtschaftlich erholen, weniger korrupt werden und demokratische Strukturen aufbauen. Schwierig und langwierig, aber wir dürfen deshalb nicht davor zurückschrecken. Die Personenfreizügigkeit darf dabei für die Europäische Union einfach nicht verloren geben.

Und die EU muss eine gemeinsame Vorgehensweise gegen Aggressoren finden. Die Ukraine betreffend funktioniert das derzeit – noch halbwegs –, aber es bestehen auch andere potentielle Aggressoren, da ist derzeit Aserbaidschan (unterstützt von der Türkei) bei dem Vorgehen gegen Armenier:innen in Berg-Karabach. Und abzusehen in naher Zukunft ist das Vorgehen Serbiens sowohl im Norden des Kosovo als auch (wahrscheinlich) in der Republica Srpska. Auch beim Verhalten gegenüber den Konflikten Israel-Palästina sollte Europa eine möglichst einheitliche Vorgangsweise finden.

Es sollte auch diskutiert (und vereinbart) werden, wie bei der wirtschaftlichen Zusammenarbeit mit Ländern vorgegangen wird, die schwere Menschenrechtsverletzungen durchführen. Es muss zwar „länderadäquat" vorgegangen werden, aber die dahinterstehenden Prinzipien sollten doch bei allen möglichst gleich sein.

Es muss auch eine gemeinsame Vorgangsweise betreffend die Frage „zuerst Vertiefung, dann Erweiterung, oder Erweiterung gleich – und dann Vertiefung?" geben. Vielleicht könnte überhaupt das Konzept von Europa der zwei (oder mehr) Geschwindigkeiten noch einmal überdacht werden?

Es stehen einige Länder länger in der Warteschlange: Albanien, Bosnien und Herzegowina, Moldau, Montenegro, Nordmazedonien, Serbien, Türkei, Ukraine befinden sich im Prozess der „Umsetzung" (oder Integration) der EU-Rechtsvorschriften in nationales Recht. Potenzielle Kandidatenländer erfüllen noch nicht die Voraussetzungen für eine Mitgliedschaft in der EU: Georgien, Kosovo. Zwischen der EU und Armenien besteht ein Abkommen über eine umfassende und verstärkte Partnerschaft seit dem 1. Mai 2021.

Bevor irgendein Land aus dieser Liste beitreten kann, muss in der EU eine Grundsatzentscheidung getroffen werden: Sollen Länder primär aus politischen oder aus wirtschaftlichen Gründen aufgenommen werden?

Das sind alles Herkules- (und hoffentlich nicht Sisyphos-)Aufgaben. Hat die EU derzeit das geeignete Führungspersonal um diese Aufgaben zu lösen? Wir benötigen wieder Personen mit Weitblick wie zur Gründungszeit der EWG.

Vedran Džihić

BILDER

Ich erinnere mich bis heute an die besorgten Mienen meiner Mutter und meines Vaters im Jänner 1990, als wir wie gebannt vor dem Fernseher saßen und den 14. Außerordentlichen Kongress des Bundes der Kommunisten Jugoslawiens verfolgten. Ich sehe die Bilder noch heute ganz genau vor mir: Der Fernseher war im Wohnzimmer, ich saß auf dem Sofa, auf dem sich mein Vater nach getaner Arbeit am Nachmittag meistens für seinen Nachmittagsschlaf legte. Mein Vater saß neben mir im großen Fauteuil, diesmal still. Als sich die Ereignisse beim Kongress überschlugen und die Delegierten aus Slowenien und dann aus Kroatien als Reaktion auf die Politik der Erpressung von Milošević ihren Auszug aus dem Kongress verkündeten, kam meine Mutter aus dem Badezimmer, in dem sie gerade mit unserer Wäsche beschäftigt war, herein und sagte verzweifelt: „Aus, das ist es gewesen. Es kommt der Krieg. Wir müssen die Koffer packen.“ Ich saß zwischen den beiden, ein verschreckter und zu früh politisierter Pubertierender, und hoffte nur, so wie man immer angesichts des Unmöglichen und Unvorstellbaren hofft, dass dies alles nur ein böser Traum ist. Viele ahnten das Unheil an diesem Abend, nur wenige packten in den Wochen und Monaten wirklich die Koffer und verließen das Land. Die meisten, so wie wir, blieben, hofften, gingen später zu Antikriegsdemonstrationen, versuchten das Vergebliche.

Es war vergeblich. Exakt drei Jahre nach dieser Nacht im Jänner 1990, in der die Mutter mit der Vorahnung des Krieges zum Vater und mir ins Wohnzimmer platzte, im kalten Jänner 1993, wurden wir aus unserer Heimatstadt Prijedor vertrieben. Koffer waren es keine, die wir beim Abschied mit uns nahmen, sondern zwei kleinere Reisetaschen. Darin die notwendigste Kleidung, wenige ausgesuchte Familienbilder aus glücklicheren Zeiten und zwei Wörterbücher, eines für Deutsch und eines für Englisch. Der Vater wusste wohl sehr gut, was das Flüchtlingsleben bedeutete. Beim Weg über den Park in unserer Siedlung, es war ein sehr früher, bitterkalter Morgen, drehte ich mich noch das letzte Mal um und blickte auf mein vergangenes Leben. Das lokale Rote Kreuz half bei der Aussiedlung der letzten Reste der nichtserbischen Bevölkerung in der Stadt. Der Buskonvoi, kontrolliert von der Armee der Republika Srpska, mit jeweils einem Soldaten mit Kalaschnikow in jedem der Buse, fuhr langsam nach Gradiška, zur kroatischen Grenze. Dort wartete die Freiheit, dachten wir uns.

In Kroatien blieben wir nur wenige Wochen. Mein Vater hatte weiterhin Angst, dass er von den kroatischen Behörden an die bosnische Front geschickt wird, so wie es vielen Flüchtlingen aus Bosnien und Herzegowina in diesen Wochen und Monaten passierte. Wir wussten, dass wir weiterziehen mussten. Der erste Versuch des endgültigen Verlassens unserer zu diesem Zeitpunkt schon ehemaligen jugoslawischen Heimat führte uns mit dem Zug zur ungarischen Grenze in der Hoffnung, dass wir es bis nach Schweden schaffen könnten. Die ungarischen Polizeibeamten nahmen uns vom Zug herunter und schickten uns nach Kroatien zurück.

Schon ziemlich verzweifelt erfuhren Vater und Mutter durch einen reinen Zufall, dass es in Österreich in der Nähe von Wien, in einem Ort namens Traiskirchen im dortigen Flüchtlingslager, noch Platz gäbe. Wir bereiteten unsere Dokumente vor, organisierten den Transport und brachen erneut auf. Es war ein kalter Wintermorgen mit sehr viel Schnee, als wir vor den Toren vom Flüchtlingskamp in Traiskirchen standen. Die Aufnahmeprozedur dauerte bis tief in die Abendstunden. Nach langem Warten wurde uns ein vorläufiges Zimmer zugeteilt – ein kleiner Raum mit militärischen Stockbetten für acht Personen, in dem eine vierköpfige, junge iranische Familie bereits wohnte. Ich spürte, wie sich im warmen Raum mein aus Angst, Anspannung und Ungewissheit bestehender Krampf langsam löste – wir waren endlich in Sicherheit.

Ich hatte noch nie in einem Stockbett geschlafen und wollte sofort oben sein. Ich kletterte hinauf, fand eine Decke auf dem Bett aber keinen Polster. „Hello“, sagte eine Stimme. Ich drehte mich um und sah den iranischen Vater, der mit einem müden aber breiten Lächeln einen kleinen Polster in der Hand hielt und mir mit der Hand deutete, den Polster zu nehmen.

Das Bild des lächelnden Fremden und des Polsters in seiner Hand, der Wärme dieses kleinen beengten Raumes und die tiefe Atmung der Eltern, die offensichtlich die Angst um unsere Leben zumindest für eine kleine Weile beiseite schieben und einschlafen konnten, hat sich tief in mir eingebrannt. Die kleine Geste des Vaters der iranischen Familie und sein Lächeln gaben mir in dieser Nacht die Sicherheit und die Kraft zurück. Wir wussten in dieser Nacht nicht, wo wir waren. Wir wussten nicht, was der nächste Morgen bringen wird. Wir wussten nur, dass wir in Sicherheit sind und alle vier heil sind. Meinen Glauben an die Menschheit hatten die Kriegsmonate zutiefst erschüttert. Ich war skeptisch, ich war vorsichtig, ich sah überall Gefahren. Ich konnte damals nicht ahnen, dass die kleine Geste des iranischen Vaters und der schlichte kleine Polster der erste Schritt waren, mit dem mein Glaube an das Gute im Menschen zurückkehren würde.

ERLEBNISSE

Der Krieg kommt immer in kleinen Schritten. Du spürst das Unheil kommen, und doch verdrängst du es. Die Augen sehen es, doch das Herz glaubt noch immer nicht daran und hofft, dass alles gut werden wird. Am Ende wird es aber nicht gut. Als meine Mutter im Oktober 1991 die Rede des später verurteilten Kriegsverbrechers Radovan Karadžić im Parlament von Bosnien-Herzegowina hörte, in der er dem Land, meinem Land, mit dem Weg in die Hölle und ins Verderben drohte, drehte sie sich mit Tränen in den Augen zu meinem Vater um und flüsterte ihm mit einer Mischung aus Bitterkeit und resignierender Trauer leise etwas zu. Ich wusste, dass sie ihn an ihre Worte vom Jänner 1990 erinnerte, als sie das Unheil kommen sehen hatte, und ihn gebeten hatte, Koffer zu packen und vor dem Unheil zu flüchten. Dieses Mal sollte nur einige Monate später der Krieg an unserer Haustür anklopfen und mein Leben und das meiner Familie für immer verändern.

Der Krieg kommt dann immer mit seiner ganzen Wucht über uns alle – unerbittlich, grausam, wütend, zerstörend. Der Krieg ist eine himmelschreiende Ungerechtigkeit, ein Affront gegen das Menschsein. Der Krieg greift brutalst in die Pluralität des Menschen ein, in dem er hineinruft: „Du darfst leben und bleibst verschont. Du aber, der Du das Andere bist, musst sterben.“

Mit dem Aufruf zum Tragen und Aufhängen weißer Bänder und Tücher an nichtserbische Haushalte am 31. Mai 1992 wollten die serbischen Behörden genau dies sagen – du darfst leben und du nicht, du bist der Andere, du musst sterben, dich beugen, egal was wir mit dir anstellen mögen. Ja, genau das war die Botschaft der serbischen Behörden meiner Stadt, die sie uns am 31. Mai vor dreißig Jahren mitteilten.

Meine Mutter war verängstigt und ließ ein weißes Tuch aus dem Fenster. Der Vater hatte Angst, war aber auch zornig und stolz, wollte es selbst nicht tun. Wir Kinder, mein Bruder und ich, waren nur stumme Zeugen des Dramas. Die weiße Bettwäsche vor dem Fenster war dann das letzte Zeichen, dass das frühere Leben längst vorbei war. Immer wieder, zuletzt mit dem Beginn des Ukraine-Krieges und mit der Explosion der Gewalt im Nahen Osten, konnte ich dieses Gefühl von damals spüren, die Momente, als die Angst in mich hineinkroch und die letzten Winkel meines Körpers erreichte. Doch man funktioniert, man wird zu einer Überlebensmaschine, die vom Wunsch nach Leben und der Hoffnung auf den Frieden und die Sicherheit angetrieben wird.

Wir blieben bis Jänner 1993 in der Stadt, die nicht mehr unsere war. Eines kalten Morgens verließen wir die Stadt. Ich drehte mich ein letztes Mal um und schwieg. Am Ende des Krieges wird man 3.167 getötete Menschen in Prijedor zählen, darunter 102 Kinder.

Seit einiger Zeit hat sich auf dem Gebiet des ehemaligen Jugoslawiens ein unheilvolles Muster des geschichtlichen Revisionismus eingestellt. Man leugnet eigene Taten, verdreht sich zum nationalen Heldentum und negiert die Opfer. 2022 marschierten rund um den Tag der weißen Bänder in meiner Heimatstadt Prijedor serbische Verbände und feierten die „Befreiung der Stadt". Die weißen Bänder bezeichneten sie als Lüge. Die serbischen Behörden verboten kurzfristig den heutigen Erinnerungsmarsch der Opfer, erlaubten nur eine einstündige Kundgebung am Hauptplatz. Am Vormittag feierte man öffentlich den Geburtstag von Viktor Orbán.

Jedes Jahr Ende Mai spule ich in meinen Erinnerungen den Film des Jahres 1992 ab. Und je stärker die Revisionisten und Nationalisten in meiner Heimat diesen Teil meines Lebens zur Fiktion verzerrt möchten, desto stärker wird meine Überzeugung, dass der Kampf gegen diesen dumpfen Nationalismus und alle Nationalismen und Revisionismen auf unserem europäischen Kontinent zu einem der zentralen Kämpfe der Gegenwart gehören. Die Wahrheit und die Fakten können nicht ausgelöscht werden. Gegen Verbrechen Stimme erheben, sich erinnern, gegen Hass ankämpfen – das sind universelle Werte, die man sich in Bosnien, am Balkan, in der Ukraine, überall auf der Welt nicht wegnehmen lassen wird. Wahrheit ist nie umsonst. Das Ankämpfen gegen das Vergessen ist nicht umsonst. Wahrheit und Gerechtigkeit haben keine ethnischen Vorzeichen, trennen die Menschen nicht auf Grund dessen, was sie sind oder was ihnen zugeschrieben wird. Sie sind absolut und unverrückbar, universell.

GESCHICHTE

Jedes Jahr fuhren ich und mein jüngerer Bruder mit meiner Mama einige Tage ans Meer nach Kroatien, in die Hafenstadt Rijeka. Dort wohnten der Bruder und die Schwester meiner Mutter und wir konnten bei ihnen bleiben. Mein Vater hatte wohl irgendwann eine starke Abneigung gegen das Meer und die Rituale der Sommerurlaube entwickelt und blieb jedes Jahr im Sommer bei seinen Eltern am Land, „na selu“. Die Reise mit dem Zug von meiner Heimatstadt Prijedor über Zagreb nach Rijeka im Sommer 1991 unterschied sich auf den ersten Blick nicht von all jenen Reisen der vergangenen Jahre – ein überfüllter Gastarbeiterzug, der von Sarajevo nach Stuttgart fuhr und stets mitten in der Nacht in Prijedor mehrere Dutzende Passagier:innen aufnahm. Die meisten waren unterwegs nach Deutschland, einige wenige wie uns führte die Reise nach Zagreb, wo wir in die modernen, gemütlichen Züge Richtung der kroatischen Küste einstiegen. Die Gastarbeiter:innen waren eines der Symbole des jugoslawischen Sozialismus und des Sonderweges, den Tito einschlug – zwischen Ost- und Westblock Unabhängigkeit bewahren, sich Richtung Westen öffnen aber intern die Zügel der Macht fest angezogen halten. Aus der Sicht von Tito und des Führungszirkels des Bundes der Kommunisten Jugoslawiens war dies die Formel für die bessere der beiden Welten, die man hier in diesem jugoslawischen Realexperiment anwandte.

In Rijeka angekommen, spürte ich deutlich, dass sich bei der Verwandtschaft zur üblichen Freude über unsere Ankunft starke Sorgen mischten. Bereits seit einiger Zeit waren die Spannungen im jugoslawischen Staat groß. Kaum jemand sprach es aus, aber viele ahnten vielleicht unbewusst, dass sich das Schicksal des im Zweiten Weltkrieg entstandenen sozialistischen Jugoslawiens langsam seinem Ende neigte.

Als wir die ersten Bilder von Aufständischen im Fernsehen sahen, rollte ich die Ereignisse rückwärts auf. Wie vor einem inneren Bildschirm flimmerten bei mir all die Szenen der letzten Jahre – von ersten „freien und demokratischen“ Wahlen nach dem Ende der Einparteienherrschaft und von meinem guten Freund Enes, der aus dem achten Stockwerk unseres Hochhauses die Fahnen der muslimischen SDA (Stranka demokratske akcije – Partei der demokratischen Aktion) des späteren Präsidenten Bosniens Alija Izetbegović schwenkte. Aus den Boxen lärmte das Lied, während Enes, so wie ich damals ein junger, 15-jähriger Bursche, vom Balkon nicht nur mit der Fahne, sondern auch mit seiner vor wenigen Wochen geborenen kleinen Schwester winkte.

Ich dachte auch an meinen Freund Miroslav, den Sohn des Priesters der örtlichen Orthodoxen Kirche, der mit mir in dieselbe Klasse ging und einer meiner besten Schulfreunde war. Miroslav zeigte uns schon 1989 stolz die Bilder von Slobodan Milošević, wie er die große Rede am Amselfeld hielt. An diesem 28. Juni 1989 sprach Milošević vor einer Kulisse von fast einer Million Serb:innen in der Nähe von Prishtina, der Hauptstadt der damaligen jugoslawischen Autonomen Provinz, von der angeblichen Benachteiligung der Serb:innen in der jugoslawischen Föderation und davon, dass in der Zukunft auch bewaffnete Kämpfe nicht mehr ausgeschlossen werden können. Das war eine bittere Warnung, die genau vor 30 Jahren, im Jahr 1991, Realität werden sollte.

Wir blieben fast immer zwei Wochen am Meer in Rijeka. Wir Kinder gingen jeden Tag zum Strand, hatten unseren Spaß beim Baden und beim allabendlichen Eis, das uns die Verwandten spendierten. Das Meer und das Eis vertrieben bei uns Kindern die Fragezeichen und die Anspannung, die die Erwachsenen in diesen Tagen begleitete. Die Reise zurück nach Prijedor war eine Reise in die geglaubte Sicherheit. In Bosnien-Herzegowina, das auf Grund seiner ethnischen Durchmischung und der Tradition des gemeinsamen Lebens als „Jugoslawien im Kleinen" bezeichnet wurde, glaubte ein Großteil der Bevölkerung, dass der Krieg an Bosnien vorbeigehen werde, das das Gemeinsame stärker als das Trennende sein werde. Wenige Monate später wachte auch Bosnien und Herzegowina in einem blutigen Krieg auf, der am Ende mehr als 100.000 Menschen das Leben kostete, mehr als zwei Millionen vertrieb und Leid über das gesamte Land brachte.

Viele progressive jugoslawische Sozialist:innen und wohl viele Linke in ganz Europa träumten noch in den 1980er Jahren davon, dass in Jugoslawien Reformen möglich sein sollten und ausgerechnet in Jugoslawien die Konturen einer sozialistisch-demokratischen Alternative zum westlichen Kapitalismus sichtbar wären. Mein Vater gehörte dazu. Spätestens im Sommer 1991 mit den Kriegen in Slowenien und Kroatien, wenn nicht schon zuvor, muss es auch den progressivsten Träumer:innen in Jugoslawien eingeleuchtet haben, dass ihr Traum sich in einen Alptraum verwandelt hatte.

PERSÖNLICHKEITEN

Im sozialistischen Jugoslawien gab es in allen Schulstufen organisierte Erinnerungsarbeit an den „größten Sohn" des jugoslawischen Volkes, Josip Broz Tito, seine Partisanen und die Errungenschaften der jugoslawischen Kommunisten. Man feierte die „Brüderlichkeit und Einigkeit" aller, verteufelte zugleich in der Erinnerung die Gegner des Zweiten Weltkrieges, die deutsche Wehrmacht und die lokalen Kollaborateure des Deutschen Reiches, die kroatischen Ustaša und die serbischen Četniks. Die kroatischen Ustaša waren verantwortlich für eines der größten Verbrechen auf dem jugoslawischen Gebiet – für das Konzentrationslager Jasenovac im kroatischen Slawonien, unweit des Flusses Sava und der Grenze zu Bosnien und Herzegowina. In diesem Todeslager des kroatischen verbrecherischen Regimes der Kriegszeit tötete man systematisch Tausende Serb:innen, Roma und Regimegegner:innen.

Wir waren noch Schüler der achtjährigen Hauptschule in der nordwestlichen bosnischen Stadt Prijedor, als wir eines Tages im Rahmen des Geschichtsunterrichts den Schulausflug nach Jasenovac unternahmen. In der Ebene des Flusses Sava angekommen, sah ich bereits aus der Entfernung das Denkmal von Jasenovac, das alle Kinder im ehemaligen Jugoslawien aus Schulbüchern kannten – die große Blume aus Stahl, die aus der Erde ragte und sich gen Himmel öffnete. Der Architekt ist der berühmte jugoslawische Architekt und ehemalige Bürgermeister von Belgrad, Bogdan Bogdanović, sagte man uns bei der Führung. Ich vergaß den Namen bald, den Ort des Verbrechens und die Blume blieben noch lange in Erinnerung.

Als ich im Wintersemester 1995 mein Studium an der Universität begann, fing ich an, mich intensiv mit der Geschichte meiner Heimat Jugoslawien zu beschäftigen, die zu diesem Zeitpunkt nicht existierte und in der noch der Krieg tobte. Mein Vater, selbst ein hochpolitischer Mensch und exzellenter Kenner der jugoslawischen Geschichte, sagte mir einmal, dass ich doch den Brief von Bogdan Bogdanović an den serbischen Machthaber Slobodan Milošević lesen sollte. 1987, als Milošević die Macht in der Republik Serbien an sich riss, entschied sich Bogdanović, der bis zu diesem Zeitpunkt Bürgermeister der jugoslawischen Hauptstadt Belgrad war und für den liberalen Flügel innerhalb der serbischen kommunistischen Partei stand, für einen Paukenschlag. Er trat aus der Partei aus und schickte einen langen Brief an das Zentralkomitee der Partei und seinen neuen Vorsitzenden, Milošević. Der Brief lieferte eine bis dato in dieser Dringlichkeit kaum formulierte Kritik der Politik von Milošević und seines zerstörerischen Nationalismus, mahnte vor neuen Konflikten, die Bogdanović mit einer solchen Politik unweigerlich auf das Land zukommen sah, und wurde auch zu einem der stärksten Zeugnisse des Kampfes gegen den „Nationalautismus" innerhalb Serbiens. Der Kampf gegen den Nationalismus wurde auch zu meinem Kampf, den ich seit diesen frühen Jahren meines Studiums mit bescheidenen Mitteln führe.

Nach dem Abschluss meines Studiums bekam ich ein Forschungsstipendium der Stadt Wien. Ich hatte mir vorgenommen, eine Studie zur Wirkung der unabhängigen jugoslawischen Intellektuellen in Wien zu machen. Als die Kriege zu Beginn der 1990er Jahre angefangen wurden, war Bogdan Bogdanović einer der schärfsten Kritiker:innen des Regimes von Milošević, das ihn 1993 in die Flucht trieb. Sein Belgrad tauschte er mit einer anderen Stadt an der für ihn so wichtigen Donau, mit Wien. Ich schrieb ihn an, erklärte ihm mein Vorhaben und bat um ein Interview. Schnell kam die Antwort und die Einladung zu ihm nach Hause in den 10. Wiener Gemeindebezirk, Favoriten. Es gab kaum ein Gespräch, vor dem ich so aufgeregt war wie vor diesem. Und es gab kaum einen herzlicheren und wärmeren Empfang als jenen, den ich bei Bogdan Bogdanović und seine Frau Ksenija erlebte. Gleich beim ersten Mal blieb ich fast drei Stunden bei Bogdan. Am Ende des Gesprächs, bereits schweren Gangs, verabschiedete er mich an der Tür, lud mich ein, jederzeit wieder zu kommen und bat mir das Du-Wort an. Bogdan und ich wurden Gesprächspartner und irgendwann Freunde. Für mein erstes Buch, in dem ich die Ergebnisse meiner Studie zu den Intellektuellen verarbeitete, schrieb er das Vorwort. Als er 2010 starb, verlor meine ehemalige Heimat einen der feinsten Menschen und Denker, einen herausragenden Architekten und Philosophen und einen großen Europäer und Antinationalisten. Ich verlor einen Freund, der mich wie kaum ein anderer beeinflusste. Seine Blume ragt noch immer in der Landschaft rund um den Fluss Sava und erinnert an eines der größten Verbrechen der jüngsten europäischen Geschichte. Sein Leben und Werk steht bis heute für die Möglichkeit eines friedlichen und freien Balkans und Europas.

VISION

„Ich weiß, ich bin eingemauert, wir sind alle eingemauert, nicht wahr?", schrieb Bogdan Bogdanović, den ich in einer meiner Skizzen in diesem Buch[14] als einen großen Antinationalisten und Europäer beschrieb, in den Belgrader Nächten der 1980er Jahre auf einen leeren weißen Zettel, den er dann mitten in der Nacht als Traumnotiz in eine grüne Schachtel hineinwarf. Auf der Rückseite des Zettels schrieb er, scheinbar vom morgendlichen Optimismus des neuen Tages geprägt, „Vielleicht ist es gar nicht so?" dazu. Die in der Agonie der 1990er Jahre niedergeschriebenen Träume, die in den langen Belgrader Nächten in der mit grünem Papier überklebten Schachtel des in Jugoslawien populären Waschmittels „Faks" verschwanden, wollte Bogdan nie öffnen. Möge die Dunkelheit der Schachtel die bösen Gestalten seiner Träume für immer verschwinden lassen, muss er sich gedacht haben. Lange in Sicherheit in Wien entschied er sich, sich den Träumen und seinem vergangenen Leben zu stellen. So entstand eines der eindrücklichsten Bücher, die ich in meinem Leben las, die „Grüne Schachtel".

Mit seinem „Vielleicht ist es gar nicht so" schlug Bogdan Bogdanović die Tür zum Möglichkeitssinn weit auf. Man kann diesen Satz als einen kleinen Schritt von Bogdan lesen, der sich von seinem klaustrophobischen und unausweichlichen

14 Vedran Džihić: Intellektuelle in der jugoslawischen Krise. Lang Int. Academic Publishers, Wien u.a. 2003.

Traum des Eingemauertseins ein wenig distanzieren wollte. Ich las dieses „Vielleicht" von Bogdan als einen Raum des Möglichen jenseits der Schwere und der Aussichtslosigkeit der Dunkelheit. Und ich verwandelte dieses „Vielleicht" seit dem Beginn des russischen Aggressionskrieges gegen die Ukraine oder im Herbst 2023 angesichts des Krieges im Nahen Osten in die Suche nach der Vision einer friedlichen Welt, eines friedlichen Europas.

Mehr als 30 Jahre nach dem Beginn der Balkan-Kriege und inmitten des Krieges in der Ukraine und im Nahen Osten, frage ich mich immer wieder, woher man die Hoffnung schöpfen, wo Zuversicht und Trost finden soll, dass es in Prijedor, in Bosnien, am Balkan, in der Ukraine, im Nahen Osten bessere Zeiten geben wird? Heilt die Zeit die Wunden der Balkan-Kriege? Wird es Zeit geben können, um die Wunden der Ukrainer:innen irgendwann nach dem Ende des Krieges zu heilen? Der ungarisch-jüdische Dichter Miklós Radnóti, der 1944 in einem Lager in Bor in Serbien interniert war und in diesem Jahr beim Todesmarsch der Nazis starb, schrieb in einem seiner Gedichte:

„Die Zeit heilt, heißt es oft –
Doch Zeit hat nie geheilt –
Beim Älterwerden stärkt sich
Wie Sehnen, echtes Leid –"

Dennoch, wir brauchen Hoffnung und Trost, die eng miteinander verknüpft sind. Der ehemalige Rektor der CEU, Michael Ignatieff, schrieb in seinem wunderbaren Buch „Über den Trost in dunklen Zeiten" folgende Zeilen: „Der wesentliche Teil des Trosts ist Hoffnung: der Glaube, dass wir uns von Verlusten, Niederlagen und Enttäuschungen erholen können und dass wir in der Zeit, die uns bleibt, so kurz sie auch sein mag, die Möglichkeit zu einem Neubeginn finden werden, mit dem wir vielleicht scheitern, aber, wie Beckett schrieb, besser scheitern werden. Es ist diese Hoffnung, die uns die Kraft gibt, selbst angesichts von Tragödien unbeugsam zu bleiben." Es gibt einen Ausweg aus dem Gefühl des Eingemauertseins, will uns Ignatieff mit seinen Worten sagen.

Aus meiner eigenen Erfahrung des Krieges und der Flucht, aus dem Mitgefühl und der Solidarität für all jene, die heute in den Kriegen in der Ukraine, im Nahen Osten und all den anderen teils vergessenen Kriegen leiden, schöpft sich meine Vision für ein friedliches Europa und die Welt ohne Kriege. Diese Vision schöpft sich aus der Hoffnung, dass eines Tages ein Neubeginn möglich sein wird und dass dieser Neubeginn jeden Tag mit winzigen „Praktiken der Hoffnung" (Martha Nussbaum) – mit zivilgesellschaftlicher Aktion gegen die Ausgrenzung der Andersdenken, mit demokratischem Protest gegen Krieg und für den Frieden, mit Mitgefühl und Solidarität für die Leidgeprüften und Schwächeren in unseren Gesellschaften – eingeläutet wird. Gerade in historisch schwierigen Zeiten für Europa und die Welt braucht es Träumer:innen, die laut aussprechen „Vielleicht muss es gar nicht so sein, wie es derzeit ist" und gemeinsam zu handeln beginnen. Dieses gemeinsame Handeln, diese „mutige, konstruktive und zarte Form der Macht", wie sie deutsche Publizistin Caroline Emcke vor Jahren in ihrem Buch „Gegen den Hass" formulierte, muss heute dort ansetzen, wo Hass gegen den jeweils anderen gesät wird, so wie es viele europäische Rechte tun, wo in der Wolke der Lügen und Halbwahrheiten wie in Russland Politik gemacht wird, wo autoritäres Denken und vorauseilender Gehorsam wie in Ungarn oder Serbien den demokratischen kritischen Geist in die Enge treiben wollen.

ZUKUNFT

Der Philosoph Zygmunt Baumann veröffentlichte 2017 kurz vor seinem Tod ein großes Buch mit dem Titel „Retrotopia". Retrotopien, so Baumann, sind Visionen, die sich nicht mehr aus einer noch ausstehenden oder möglichen Zukunft speisen, so wie es Utopien tun, sondern aus einer verlorenen, geraubten oder verwaisten Vergangenheit – aus einer „untoten Vergangenheit". Vieles, was sich derzeit auf dem europäischen Kontinent abspielt, mutet stark nach einer Retrotopie an: Die Politik der Angst vor dem Anderen und vor dem Verlust einer Fiktion – einer reinen und homogenen Heimat, die längst nicht mehr oder nur in rechten Biotopen existiert, ist in vielen europäischen Gesellschaften keine Ausnahme mehr, sondern längst im Mainstream angekommen. Die Erfolge der europäischen rechten und rechtsextremen Parteien, die immer mehr ein Teil der „neuen" europäischen Mentalität sind, versprechen nichts Gutes für die Zukunft.

In dieser Hinsicht sah der Spätsommer und der Frühherbst 2023 wie ein böses Omen für die Zukunft Europas aus. Im Kosovo schrammte man nach jahrelangen Verhandlungen zwischen Serbien und dem Kosovo unter EU-Führung Ende September fast an einem Krieg vorbei. In der Slowakei trug Robert Fico, ein geübter Populist und Nationalist, den Sieg bei den Wahlen davon, durchaus unter Jubel der europäischen Autokraten wie Viktor Orbán in Ungarn oder Aleksandar Vučić in Serbien. Wenige Wochen später sah man Orbán und Vučić in Peking beim großen Gipfeltreffen der chinesischen Seidenstraße strahlend neben dem chinesischen Präsidenten Xi Jinping. Der russische Präsident Wladimir Putin nahm auch an diesem Gipfeltreffen teil. Bei Wahlen in zwei deutschen Bundesländern konnte die rechtsextreme AfD große Erfolge feiern. Während der russische Aggressionskrieg gegen die Ukraine unvermindert tobte und die Angst vor dem nahenden Winter und neuen Angriffen Russlands auf die ukrainische Energieinfrastruktur stieg, explodierte nach dem blutigen Angriff der Hamas auf Israel der Nahe Osten.

Im Meer der schlechten Nachrichten gab es aber auch einen wichtigen Lichtblick, der wieder einmal bewies, dass das scheinbar Unmögliche doch möglich sein kann. In Polen konnte bei den Wahlen im Oktober 2023 die demokratische Opposition der autoritär regierenden PiS eine empfindliche Niederlage zufügen. Im Herbst sah alles danach aus, dass die Tage von Kaczyński und seiner PiS an der Macht gezählt waren. Vielleicht ist dieser Sieg der demokratischen Opposition in Polen ein Weckruf für die Zukunft Europas und ein Symbol dafür, dass man mit Kampf und einem klaren Wertehorizont bestehend aus Rechtsstaatlichkeit, Demokratie und Menschenrechten den Retrotopien der Gegenwart eine Realutopie entgegensetzen kann?

In Polen haben wir einen großen Kampf für ein demokratisches Polen und Europa erlebt. Diese Kämpfe finden aber auch und vor allem im Kleinen statt. Wäre der Sieg der demokratischen Opposition in Polen ohne die vielen jungen Menschen möglich gewesen, die gegen die neuen Abtreibungsgesetze in Polen auf die Straßen gegangen sind? Oder ohne all jene Menschen, die vor Jahren noch gegen die Verfassungsveränderungen der Regierung Kaczyński protestierten?

Unlängst trafen sich in der kosovarischen Hauptstadt Prishtina mehr als 100 Aktivist:innen aus den Staaten des Westbalkans, die sich dem Kampf für besseres, gerechteres und freieres Leben in der Region verschrieben haben. Hier traf ich Milan, einen jungen Mann aus Novi Sad in der Vojvodina. Milan studierte Rechtswissenschaften, schrieb von Zeit zu

Zeit kritische Artikel für unabhängige Medien und Serbien und trat bereits in den Jahren zuvor als Redner bei den Anti-Regime-Protesten auf. Im August 2020 schlugen ihn im Zentrum von Novi Sad zwei Schläger brutal nieder, lieferten ihm die Rechnung für die – so wie sie es sagten – kritischen Posts auf Twitter. Die Narben nach dem chirurgische Noteingriff wegen der schweren Kopfverletzung waren kaum verheilt, da wandte sich Milan mit einem Brief an das Europäische Parlament. „Sie wollten mich still machen, ich werde es aber nicht tun. Ich werde nicht auf meine Prinzipien und Ideale verzichten, ich werde für ein modernes europäisches Serbien kämpfen."

Milans kritische Stimme ist in der Zwischenzeit nicht verstummt, sie ist nur lauter geworden. Jede Woche stand er in jüngsten Protesten gegen das Regime Vučić auf der Straße mit anderen Protestierenden und kämpft für sein Serbien und gegen die Gewalt, die ihm fast das Leben gekostet hatte. Milan und so viele Milans in Europa stehen als Symbol für den Kampf gegen den autoritären Geist, gegen die Angst und Retrotopien der Gegenwart. Ob Sieg der demokratischen Opposition in Polen oder Milans Kampf gegen das autoritäre Imperium von Aleksandar Vučić – beide stehen stellvertretend für die Hoffnung so vieler Menschen auf eine bessere Zukunft.

Koschka Hetzer-Molden

EUROPA – WIESO?
ERLEBNISSE – GESCHICHTE

Ein Bewusstsein für ein gemeinsames Europa, ja nur die leiseste Ahnung von einem politisch geeinten Kontinent, gab es in meiner Kindheit nicht. Nur Krieg, Verfolgung, Lager und Flucht. In meiner Jugend gab es vor allem die Tragik West-/Ostdeutschland. Und Juden gab es überhaupt nicht … Erst viel später wurden sich Deutschland und Österreich ihrer Schuld bewusst.

Ich bin in Hamburg geboren. Als ich etwa drei Jahre alt war, beschloss mein Vater nach Rumänien zu gehen. Sein Chef hatte ihn veranlasst, in die Partei zu gehen. „Herr Hetzer, einer von uns beiden muss in die Partei, sonst bekommen wir keine Aufträge mehr. Am besten Sie!" Mein Vater wollte das nicht und gründete in Bukarest zusammen mit einem Geschäftspartner eine Im- und Exportfirma. Es war, soweit reichen meine Erinnerungen, eine schöne Zeit: eine Wohnung in Bukarest, ein kleines Schloss in den Karpaten, freundliche rumänische Nachbarn. Am 23. August 1944 änderte sich alles. In der Nacht marschierten Russen in Rumänien ein, die Rumänen waren nicht mehr so freundlich, mein Vater wurde wenige Tage später in das Internierungslager Targu-Jiu gebracht und am 13. Jänner 1945 als Zivilgefangener nach Sibirien in ein Arbeitslager überführt. Nach vergeblichen Fluchtversuchen kamen auch meine Mutter, mein größerer Bruder und ich in ein Lager. Erst Ende 1949 gelang uns mit Hilfe des Internationalen Roten Kreuzes die Ausreise aus Rumänien nach Deutschland. Einen Monat später konnten wir meinen Vater am Hamburger Hauptbahnhof wiedersehen. Es war für mich ein fremder Mann. Ein Spätheimkehrer, der eine veränderte Familie, eine veränderte Heimat vorfand. Drei Jahre später starb Hellmuth Hetzer.

Wien! Wien war Anfang der 60er-Jahre – während meines Studiums am Max Reinhardt Seminar – eine sehr altertümliche Stadt. Und Schauspielschüler kümmern sich während der Ausbildung nur um die eigene „Innerlichkeit". Das müssen sie auch, zunächst sich selbst finden. Europa war kein Thema. Meine Sprache war ein klares Deutsch. Damit habe ich in Wien, auch beim ORF, angeeckt. „Die mit ihrem deutschen Akzent vergrault mir die Zuschauer", meinte Generalintendant Gerd Bacher damals. Er ließ mich nicht mehr als Moderatorin, aber doch als Redakteurin arbeiten. Hier in Wien war Europa weit weg, vor allem, wenn jemand aus der „Freien und Hansestadt Hamburg" kann. Und sind die Animositäten gegen „Piefkes" heute verschwunden?

Als Berichterstatterin für den ORF habe ich andere Länder besucht. Es war ein langsames Kennenlernen Europas und des Nahen Ostens. Und immer wieder Rumänien, das Land meiner Kindheit. U.a. habe ich dort sechs Wochen vor der „Revolution" und kurz danach gedreht. Damals begann mein

Beitrag mit dem Interview-Satz einer jungen Musikerin: „Wir sind wieder Europäer!" Europäer? Was für eine Sehnsucht ... Und hat sich diese Sehnsucht für Rumänien erfüllt? Es gibt immer noch Menschen in Rumänien, die an die Zeit unter Ceauşescu denken, in der jeder eine Arbeit hatte, ja arbeiten musste. Es gab keine Arbeitslosigkeit und keine Drogenszene. Mit Europa hat es Rumänien zurzeit besonders schwer, denn der Beitritt zur Schengen-Zone wird dem Land verwehrt.

PERSÖNLICHKEITEN

In geradezu notwendiger Weise hat mich mein späterer Ehemann Otto Molden für die europäische Idee begeistert. 1973, gegen Ende des Europäischen Forum Alpbach (EFA), haben wir uns kennen gelernt. Zehn Jahre später haben wir geheiratet. In der Zwischenzeit habe ich für den ORF über künstlerische Veranstaltungen beim EFA berichtet. In das kleinen Tiroler Bergdorf kamen Persönlichkeiten aus aller Welt: aus den USA, aus Afrika, Indien, Italien, Deutschland, etc. Alpbach wurde immer internationaler. Aber begonnen hat alles mit einer Utopie: der Sehnsucht nach einem Vereinten Europa!

In seinem 1981 erschienenen Buch „Der andere Zauberberg" beschreibt Otto Molden die aufregenden und schwierigen Anfänge der Zusammenkünfte in Alpbach:

Wenige Monate nach dem Ende des Zweiten Weltkriegs und des Widerstandskampfes musste die Vision, die mich seit meinem sechzehnten Lebensjahr immer stärker gepackt und beschäftigt hatte, nämlich die Völker Europas zu einer Nation zusammenzuschließen, sofort verwirklicht werden. Trotz Hunger, Zerstörung und Elend sollte der erste Aufruf erfolgen. Es war ein wahrhaft historischer Augenblick, in dem ich nach einer Begrüßung als Erster in Europa nach dem Zweiten Weltkrieg die Anwesenden aufrief, für ein politisch und geistig vereintes Europa zusammenzustehen. Die Vereinigten Staaten von Europa sollten unser Ziel sein, und ich erklärte, dass wir es schaffen würden, wenn wir nur wollten. Alpbach wurde hiermit zum Geburtsort Europas.

Das Europäische Forum Alpbach war ein Modell, ein Versuch europäisches Bewusstsein zu initiieren und zu verstärken. Durch das Zusammenkommen von Teilnehmern aus aller Welt mit Diskussionen über Politik, Wirtschaft, Wissenschaft, Kunst und Religion. Und ja, auch des Militärs. Die Seminare fanden nicht nur in einem Kongresszentrum, sondern zum Teil auch in von Dorfbewohnern zur Verfügung gestellten Privatwohnungen statt. Dadurch war auch der Kontakt zu den Bewohnern von Alpbach intensiver. Entstanden ist in diesen jeweils vierzehn Kongresstagen mit insgesamt bis zu 1.300 wechselnden Teilnehmern ein Miteinander, ein Zusammenhalt, ein sich Kennenlernen. Das EFA wurde von Idealisten gegründet und nicht von Managern. Otto Molden und der damalige Mitbegründer Simon Moser haben ein Experiment Europa gewagt.

Otto Molden verstarb am 15. Juni 2002 auf Zypern, einer Insel, die seit Mai 2004 zur europäischen Union gehört. Als Grabspruch wünschte er sich: „Erster Rufer nach einem Vereinten Europa nach dem Zweiten Weltkrieg. Gründer und Gestalter des Europäischen Forum Alpbach". Kaum jemand erinnert sich noch an diesen „Gründer" und an den „Gründungsmythos". – Der Bürgermeister von Alpbach plant, wie er mir einmal am Telefon mitteilte, schon lange eine Gedenkstätte, in dem u.a. alle ehemaligen Präsidenten mit Fotos gezeigt werden ... Der naheliegende Gedanke, dass hier in Alpbach wenige Wochen nach dem Ende des Zweiten

Weltkriegs europäische Geschichte geschrieben worden ist, liegt den Verantwortlichen offenbar fern.

Nach all dem, was ich als Kind und Jugendliche erlebt hatte, wurde Alpbach, wie ich es kennengelernt habe, für mich im Laufe der Jahre ein Ort des Verständnisses für größere europäische Zusammenhänge. Ich betrachte mich jetzt als Europäerin. Ich möchte aber in einem Europa der kulturellen Vielfalt leben, der Beibehaltung verschiedener Sprachen, Talente, Musikstile, Tänze, Literatur, Theater. Ja auch der Speisen. Und der Originalität des Humors und der Natur, der mir bisher oft unbekannten Landschaften.

Noch einmal zurück zu Otto Molden, meinem Mann. Ich bin froh, keinen Bahnhofsvorsteher, keinen Wirtschaftsmenschen, keinen Regionalpolitiker geheiratet zu haben. Ich bin froh, dass mein Mann ein Idealist war. Ein Mensch, der seiner Mutter Paula von Preradović, Dichterin der Österreichischen Bundeshymne, schon als Sechzehnjähriger mitgeteilt hat: „Mama, ich möchte einmal Europa vereinigen". Es gab viele „Europa-Rufer". Einer von ihnen – vielleicht der erste – war mein Mann.

VISION

Europa-Visionen habe ich keine. Dem Weltpolitischen standen im Laufe der Geschichte auch immer soziale Probleme im Wege. Und auch zurzeit leben wir in einer für viele sozial schwierigen Zeit. Idealisten, vor allem auch Europa-Idealisten, haben da kaum einen Platz. Auf ein „Vereintes Europa" muss ich noch lange warten, werde es wohl nicht mehr erleben.

„Der europäische Gründungsmythos leuchtet nicht mehr", meinte der ORF-Journalist Andreas Pfeifer in einer Rede, die er am 21. August 2012 in Alpbach hielt. Ebendort sprach der Politikwissenschaftler Werner Weidenfeld „Europa taumelt in seiner Ratlosigkeit dahin". Hat sich seit damals etwas verändert? Ist dieser „Gründungsmythos" vergessen? Dazu der Historiker Oliver Rathkolb in einem E-Mail an mich:

Ich glaube, dass sich die Österreicher und Österreicherinnen sehr schwer mit europäischen Gründungsmythen tun – das hängt meiner Meinung nach mit der relativ jungen kleinstaatlichen Identität zusammen, und in der aktuellen politischen Situation ist Europa noch weiter in die Ferne gerückt.

Othmar Karas

BILDER

Geboren im Jahr 1957 hatte ich das Glück, in einem Österreich in Frieden aufzuwachsen. Auch die „Vier im Jeep", die nach 1945 für zehn Jahre Österreich in vier Zonen aufgeteilt hatten, waren mit dem Abzug des letzten Soldaten 1955 Geschichte. Leopold Figl prägte mit seinem Satz „Österreich ist frei!" bis heute Generationen.

Umso mehr hat mich, aufwachsend in einem politisch wachen Haushalt in Niederösterreich, das Aufkeimen des Prager Frühlings unmittelbar vor der österreichischen Haustür geprägt. Den Liberalisierungs- und Demokratisierungsdrang der tschechoslowakischen Kommunistischen Partei unter der Führung Alexander Dubčeks verfolgte ich damals gebannt im Fernsehen, Radio und in den Zeitungen. Als 1968 in Prag dann über Nacht die sowjetischen Panzer rollten und die Freiheitswünsche blutig niederwalzten, trieben mir diese Bilder Tränen in die Augen. Diese brutale Niederschlagung des Prager Frühlings löste in mir eine tiefe Traurigkeit und

Enttäuschung aus. Aber zugleich befeuerten die Bilder auch meinen Widerstandsgeist: Das darf sich nicht wiederholen. Wie das gehen kann und soll, davon hatte ich als Kind noch keine konkrete Vorstellung.

Ähnlich intensiv mitgefiebert habe ich dann als bereits junger Mann mit der Freiheitsbewegung 1980 in Polen: mit dem Aufstand in der Danziger Werft und der Gründung der ersten freien Gewerkschaft in Polen, der „Solidarność" unter der Führung von Lech Walesa. Zu der Zeit war ich gerade politischer Referent in der ÖVP-Bundesparteizentrale – damals noch in der Kärntnerstraße 51 – und erlebte daher auch hautnah mit, dass es möglich ist, nicht nur hilflos zuschauen zu müssen, und dass es selbst in einer Diktatur für Demokratien anderer Länder Wege gibt, den Freiheitswillen zu unterstützen.

Günther Engelmayer von der Fraktion Christlicher Gewerkschafter und das Netzwerk des damaligen Wiener Vizebürgermeisters Erhard Busek nutzten umgehend ihre bereits bestehenden Kontakte zu Vertreter:innen von Solidarność, um Unterstützung anzubieten. Auch die Junge ÖVP engagierte sich bei Hilfsaktivitäten. Ein besonders deutliches Zeichen der Solidarität mit Solidarność wäre auch eine Einladung zum ÖGB-Bundeskongress gewesen. Bedauernswerterweise verweigerte der Österreichische Gewerkschaftsbund aufgrund seiner Zusammenarbeit mit der staatlichen kommunistischen Gewerkschaft Polens die Einladung der Solidarnosc zum ÖGB-Kongress. Dafür gab und gibt es bis heute keine Entschuldigung. Im Übrigen wäre der ÖGB daher gut beraten, diesen historischen Fehler nach mehr als vier Jahrzehnten endlich einzugestehen.

Manche Kontakte und Aktivitäten waren damals im Lichte der Öffentlichkeit nicht nur unmöglich, sondern wären auch schädlich, ja hochgefährlich für die polnischen Partner gewesen. Einer, der es verstand, mit Reisen in klapprigen Kleinbussen nach Polen sowie andere Staaten des damaligen „Ostblocks" ein Netzwerk der Unterstützung aufzubauen, war der 2022 verstorbene Erhard Busek, Motor des weltoffenen Flügels in der Volkspartei. Unvergesslich bleiben für mich die zahlreichen Abende in Erhard Buseks Privatwohnung im vierten Wiener Gemeindebezirk, bei denen Vertreter:innen von Menschenrechts-, Friedens-, Freiheits- und Demokratiegruppen aus Ost- und Mitteleuropa zusammenkamen.
Viele dieser Persönlichkeiten durfte ich nach dem Fall des Eisernen Vorhangs erstmals in Österreich wieder sehen, als ich Generalsekretär der ÖVP war. Auf viele von ihnen traf ich dann auch während der beiden Erweiterungsrunden der Europäischen Union im Jahr 2004 und 2007 als Mitglied des Europäischen Parlaments. Allen voran Jerzy Buzek, Lech Walesa, Władysław Bartoszewski, Václav Havel – um nur einige zu nennen.

ERLEBNISSE

In über 40 Jahren Politik habe ich so einiges erlebt. Und hat mich so einiges geprägt. Gerade in den letzten Monaten erinnere ich mich aber immer wieder an ein Erlebnis aus dem Jahr 1991 zurück, welches mir, wenn es um Krieg oder Frieden geht, lebendig vor Augen scheint.

In jenem Sommer des Jahres 1991 kam der damalige Bundeskanzler Deutschlands, Helmut Kohl, zusammen mit seiner Frau Hannelore zu Besuch in das Haus meiner Schwiegereltern am Attersee. Während des gemeinsamen Abendessens beeindruckte mich der Kanzler der gerade wiedervereinigten Bundesrepublik Deutschland mit einer erstaunlichen Detailliertheit, als er seine Eindrücke von den Stunden in jener Nacht, in der 1989 die Berliner Mauer fiel, schilderte.

Wir alle hielten den Atem an, als Helmut Kohl erzählte, dass er die Feierlichkeiten zum Mauerfall verlassen musste, um ein Telefonat mit dem sowjetischen Präsidenten Michail Gorbatschow zu führen. Grund dafür war, dass in sowjetischen Kreisen die Möglichkeit einer militärischen Antwort auf den Mauerfall diskutiert und ihm empfohlen wurde, ähnlich wie einst beim Prager Frühling von 1968.

Kohl tat alles in seiner Macht Stehende, um Gorbatschow am Telefon die Wirklichkeit zu beschreiben und die Absurdität des Ansinnens klar zu machen. Er beschrieb die überwältigende Freude und die Jubelszenen, die sich vor seinen Augen abspielten. Während des Abendessens war ich völlig überrascht, da ich zuvor nichts von diesen Überlegungen zur Niederschlagung gewusst oder geahnt hatte.

Aus den Erzählungen des Kanzlers zog ich damals eine wichtige Lehre, die bis heute tief in mir verankert ist: Hätte Gorbatschow überhaupt angerufen, wenn Kohl und er nicht zuvor ein grundlegendes Vertrauen aufgebaut hätten, das durch politische und diplomatische Bereitschaft zur Zusammenarbeit und Konfliktvermeidung entstand? In den entscheidenden Momenten, in denen es um Krieg oder Frieden geht, sind die Menschen und die menschliche sowie politische Zusammenarbeit ausschlaggebend. Im Kleinen wie im Großen.

GESCHICHTE

Nachdem ich schon als Teenager und als junger Erwachsener mit dem „Prager Frühling“ und der Solidarność-Bewegung mitgefiebert hatte, erlebte ich die ersten Tage im Mai 2004 als besonders berührend: den historischen Augenblick, als Tschechien, die Slowakei, Polen, Ungarn, Slowenien, Estland, Lettland, Litauen, Malta und Zypern mit 1. Mai 2004 der Europäischen Union beitraten.

Wenige Tage danach wurde dieser Moment mit einem Festakt im Europäischen Parlament zelebriert. Vor dem Eingang wurden die Fahnen dieser zehn Länder gehisst. Der Gründer der Solidarność-Bewegung, Friedensnobelpreisträger und erster frei gewählte Präsident Polens, Lech Walesa, hielt eine bewegende Ansprache. Was in der Danziger Werft 1980 begonnen hatte, fand seine Vollendung am 3. Mai 2004 im Europaparlament in Straßburg.

Schon drei Jahre danach wurde die EU-Reisefreiheit auch für vier unserer Nachbarstaaten uneingeschränkt Realität. Schlag Mitternacht wurden am 20. Dezember 2007 die Grenzkontrollen von und nach Tschechien, Ungarn, Slowenien sowie in die und aus der Slowakei abgeschafft. Die EU gab grünes Licht für deren Beitritt zum Schengenraum. Als die Grenzbalken für immer hochgingen, wurde für mich einmal mehr mit großer Freude spürbar, was Europa ausmacht. Was noch in meiner Jugend utopisch schien, wurde drei Jahre nach dem ersten Schritt des EU-Beitritts von Tschechien, der Slowakei, Ungarn und Slowenien vollendet. Ich spürte bei den Feierlichkeiten an der Grenze, dass für die Menschen der EU-Beitritt erst damit wirklich vollzogen war.

Es bleibt enorm wichtig, sich vor Augen zu führen, dass Österreich erst nach seinem eigenen Beitritt, der Erweiterung der EU um unsere Nachbarn und deren Eintritt in den Schengenraum wirklich ins Zentrum der EU und Europas gerückt ist. Neben der Bundesrepublik Deutschland hat Österreich wirtschaftlich, sozial und gesamtpolitisch bis heute am meisten von der EU-Erweiterung und der Ausweitung des Schengenraums profitiert. Leider verblasst dieses gemeinsame Verständnis für die Rolle Österreichs in der EU und den Mehrwert unserer Mitgliedschaft zusehends.

Vieles in Europa erscheint bis heute ambivalent, halbherzig und unvollständig. Besonders eindrucksvoll wurde das aber an einem historischen Ort an der Grenze zwischen Österreich und Ungarn verdeutlicht: Am 20. Dezember 2007 feierten Ungar:innen und Österreicher:innen ihren Schengen-Beitritt. Doch kurz darauf stand auf österreichischer Seite ein unerwartetes Hindernis: ein Fahrverbotsschild. Ungarische Kollegen wiesen mich darauf hin, und meine Empörung darüber war ebenso groß wie meine Entschlossenheit. Gemeinsam mit meinem ungarischen Abgeordneten-Kollegen im EU-Parlament, József Szájer, organisierten wir am 28. Oktober 2008 an diesem symbolträchtigen Ort unmittelbar neben dem Fahrverbotsschild eine Pressekonferenz.

Wir protestierten gegen das Fahrverbot auf jener Grenzstraße zwischen St. Margarethen und dem ungarischen Fertőrákos, die eigentlich für die Öffnung stehen sollte. Kurzerhand hüllten wir das Fahrverbotsschild in eine Europafahne. Zusätzlich zur Europafahne hatten Szájer und sein Team demonstrativ eine Motorsäge mitgebracht. Doch zu unserer Überraschung schafften wir es ohne die Säge, das Schild aus seiner Verankerung zu heben. Wir wollten gemeinsam zeigen, dass Europa ein Land der Freiheit ist. Noch während unserer

Demonstration überquerten dann gut ein Dutzend Fahrzeuge aus Österreich und Ungarn die Grenze.

Im Übrigen war es derselbe Ort, an dem am 27. Juni 1989 Alois Mock und Gyula Horn symbolisch den Stacheldraht durchtrennten und am 19. August 1989 das von Otto von Habsburg mitinitiierte paneuropäische Picknick stattfand, bei dem hunderte DDR-Bürger:innen die Grenze nach Österreich überquerten.

PERSÖNLICHKEITEN

Als ich im Juli 1999 in Straßburg meine Arbeit im Europaparlament begann, beendete Otto von Habsburg nach zwanzig Jahren die seine. Die Gespräche und Erzählungen von und mit ihm, über die politischen, kulturellen, historischen und wirtschaftlichen Zusammenhänge, konnten kein Buch ersetzen. Sie waren glasklar und mehr als lehrreich. Es zählt wahrscheinlich zu den größten Ehren in meiner Laufbahn, dass ich zweimal eine Laudatio an Herrn von Habsburg halten durfte.

„In einer Zeit, in der technische Probleme in der EU überhandnehmen, brauchen wir Persönlichkeiten mit Weitblick, die das eigentliche Ziel nicht aus den Augen verlieren. In einer Zeit, in der vielen der Mut für die nächsten Integrationsschritte fehlt, brauchen wir Visionäre, die aus ihrer Verankerung in der Geschichte die Kraft zum Handeln schöpfen. In einer Zeit, in der tagespolitische Schnellschüsse oft mehr zählen als Überzeugungen, brauchen wir Politiker, die dem Wähler nicht hinterherrennen, sondern Kraft ihrer Glaubwürdigkeit die Bürgerinnen und Bürger mitnehmen. Otto von Habsburg war all dies. Deshalb wird er uns fehlen", schrieb ich anlässlich seines Todestags. Jedes Wort stimmt bis heute. Vielleicht ist die Dringlichkeit sogar noch größer geworden.

Wenn man heute in mein Büro im Europäischen Parlament kommt, entdeckt man blaue Tafeln, die die Wände zieren. Darauf sind Zitate von Martin Luther King, Pierre Teilhard de Chardin und auch großen Europäern wie Robert Schuman. Sie sollen mein Team und mich täglich daran erinnern, für wen wir Politik machen: die nächsten Generationen.

Schuman ist ein beeindruckendes Beispiel dafür, für eine Vision einzutreten, deren Realisation erst nach seinem eigenen Ableben Wirklichkeit wurde. Er warb für eine utopische Idee, nicht für die unmittelbare Belohnung, sondern weil es richtig war. Eine Leitlinie, die auch für alle aktuellen Verantwortungsträger:innen gelten sollte.

Eine österreichische Persönlichkeit, die für mich untrennbar mit dem festen Glauben an ein gemeinsames Europa verbunden ist, ist Alois Mock, der – das darf ich auch in seinem Sinne sagen – für mich in unseren gemeinsamen Jahren immer mehr zum Freund geworden ist. Vom Ringen um die Annäherung an die Europäische Union und schließlich vom historischen Durchbruch bei den Beitrittsverhandlungen Österreichs zur EU sind mir vor allem diese Szenen bleibend in Erinnerung. Da ist zum einen die Übergabe des österreichischen Beitrittsansuchens von Alois Mock an den französischen Außenminister Roland Dumas am 17. Juli 1989. Das Ansuchen wurde von ihm bewusst auf den 14. Juli, den französischen Nationalfeiertag, vordatiert. Als Geste gegenüber Frankreich, aber auch aus politischem Kalkül, da Frankreich dem EU-Beitritt Österreichs bis zuletzt kritisch gegenüberstand.

Da ist zum anderen der Abschluss der Beitrittsverhandlungen Österreichs, bei dem ein sichtlich erschöpfter Alois Mock seine Emotionen nicht mehr zurückhalten konnte und coram publico in der Pressekonferenz der damaligen SPÖ-EU-Staatssekretärin Brigitte Ederer ein herzliches Busserl auf die Wange drückte.

Prägend in Erinnerung bleibt mir auch der festliche Empfang des Euro-Zuges am Wiener Westbahnhof nicht einmal zehn Jahre danach. Dort, wo zuvor noch Tickets verkauft wurden, strömten die Menschen in Scharen hinein, um an den Schaltern des Westbahnhofs Schillinge in die gerade frisch eingetroffenen Euro-Scheine und -Münzen zu wechseln.

VISION

Was möglich ist, wenn 27 Mitgliedsstaaten an einem Strang ziehen, hat man nicht zuletzt an der entschlossenen Reaktion auf Putins Angriffskrieg gesehen. Ich bin ganz ehrlich: Ich hätte vor einigen Jahren nicht (mehr) gedacht, dass eine solche Einigkeit möglich ist.

Diese Einigkeit müssen wir uns jetzt aber auch bei zukünftigen Herausforderungen und Krisen bewahren. Denn eine starke Europäische Union ist kein Selbstzweck, sondern eine Notwendigkeit. Sie bietet uns die Mittel, um unsere gemeinsamen Ziele zu erreichen, unsere Werte zu verteidigen und unsere Interessen zu vertreten. Wir müssen den Mut haben, uns über nationale und ideologische Grenzen hinweg zu erheben und unsere Kräfte zu vereinen.

Wir müssen wieder akzeptieren, dass es nicht die eine einfache Antwort gibt und bereit sein, komplexe Zusammenhänge zu erklären – auch wenn es unpopulärer und anstrengender ist.

Beim Begriff Vision denken viele an eine Utopie, etwas schwer zu Erreichendes. Ich bin hier viel bescheidener: Vollenden wir das, was wir angefangen haben. In etlichen Bereichen sind wir immer noch keine echte Union, keine Einheit, die die Themen gemeinsam angeht.

Seit 2015 versagen wir, in der Frage von Asyl und Migration eine europäische Antwort zu liefern. Es ist einer der vielen Bereiche, bei denen uns bewusst sein muss, dass wir die Ursache nur mit mehr und nicht weniger Europa bekämpfen können. Deshalb trete ich auch so dafür ein, dass die EU-Außengrenze mit der Schengen-Grenze ident ist. Nur so können wir einen wirksamen EU-Außengrenzschutz sicherstellen. Gleichzeitig muss der EU-Außengrenzschutz eine europäische Kompetenz werden – von der EU organisiert, kontrolliert und finanziert. Nur so können wir einheitliche Standards und effektiveres Vorgehen sicherstellen. Und wir benötigen ein gemeinsames und einheitliches EU-Asylverfahren mit legalen Fluchtwegen, um das Geschäft der Schlepper einzudämmen.

Eine weitere Union, die wir werden müssen, ist die Außen-, Sicherheits- und Verteidigungsunion. Sonst werden wir unsere Bevölkerung nicht ausreichend schützen können, in den Krisenherden unserer Welt keine Rolle spielen und zwischen den Großmächten zerrieben werden. Eine solche Verteidigungsunion bedeutet für mich zum Beispiel eine EU, die mit einer Stimme spricht und schnelle Entscheidungen trifft. Nationale Armeen, die durch gemeinsame Beschaffung gut ausgerüstet sind und effizient zusammenarbeiten können. Für mich ist sie auch ein gutes Beispiel dafür, warum

Unabhängigkeit für die EU notwendig ist, starke Partnerschaften aber genauso wichtig. Die NATO wird immer Teil einer europäischen Sicherheitsstruktur sein – allein schon, weil fast alle EU-Staaten Mitglied sind. Aber alle EU-Staaten kommen zusammen gerade einmal auf rund die Hälfte des US-Verteidigungsetats. Und es wird einen Zeitpunkt geben, an dem die USA nicht mehr bereit sind, für unsere Verteidigung zu garantieren.

Jean-Claude Juncker sagte einmal den Satz: „Jeder weiß, welche Reformen wir brauchen, aber niemand weiß, wie wir sie einführen und danach eine Wahl gewinnen können." Das ist in mehrfacher Hinsicht richtig. Aber zunehmend habe ich das Gefühl, dass wir den Mut verlieren, uns diesen großen Fragen überhaupt noch zu widmen. Fangen wir endlich wieder an, für das Richtige und Notwendige zu werben – anstatt uns vor der nächsten Umfrage zu fürchten.

ZUKUNFT

Seit ich politisch denken kann, ist mein Leben begleitet von einer ständigen Weiterentwicklung und Vertiefung der Europäischen Union, mit allen Höhen und Tiefen, Stärke und Schwächen. Als ich 1957 geboren wurde, waren gerade die Römischen Verträge unterzeichnet worden. Damals konnte man die sechs unterzeichnenden Gründungsstaaten beinahe an einer Hand abzählen. Heute umfasst die EU 27 gleichberechtigte Mitgliedsstaaten mit 450 Millionen Bürger:innen Europas. Die EU startete als Projekt zur Einigung der demokratischen Staaten Westeuropas. Durch den Fall des Eisernen Vorhangs, der Berliner Mauer und der Auflösung des Warschauer Paktes wurde es dann auch zum Projekt zur Überwindung der Teilung in Ost und West.

Dieser Prozess ist noch lange nicht abgeschlossen. Der größte Rückschlag war der Austritt des Vereinigten Königreiches und die damit untrennbar verbundene Wiederkehr des Nationalismus, eng verknüpft mit dem Erstarken des Populismus. Diese Gefahren abzuwenden ist die größte demokratiepolitische Herausforderung der EU.

Darüber hinaus beschäftigen uns aktuell so viele Krisen und Herausforderungen wie schon seit 1945 nicht mehr – mit einer Besonderheit: Sie finden alle global und gleichzeitig statt. Das Wichtigste in der Zukunft wird daher sein, dass die Europäische Union – und das heißt alle Mitgliedsstaaten – wieder Antworten auf diese großen Fragen liefert.

Europa muss dafür zu einem echten Faktor, einem echten Global Player werden. Denn unsere Weltordnung hat sich spätestens mit Putins barbarischem Angriffskrieg verändert. Russland disqualifiziert sich aus genanntem Grund als Partner, China in Fragen von Demokratie und Menschenrechten, und selbst die USA hat mit Joe Biden den wahrscheinlich letzten „transatlantischen Präsidenten".

Die Digitalisierung und Telekommunikation haben wir bereits an die USA und China verloren. Umso wichtiger ist es, nicht den nächsten zukunftsträchtigen Markt zu vernachlässigen: grüne Technologien. Mit dem Green Deal haben wir dies erkannt, uns ein Ziel gesetzt und auf den Weg gebracht. Und das Ziel heißt Klimaneutralität bis 2050. Wir haben den Applaus für diese Zielsetzung gerne angenommen. Wenn man sich Ziele setzt, dann muss man aber heute Maßnahmen ergreifen, um sie morgen zu erreichen. Die Umsetzung kommt nicht von selbst.

Meine wichtigste Botschaft in vielen Reden und Auftritten ist immer wieder: Der Green Deal ist nicht nur ein Klimaschutz-Plan, sondern vor allem eine Strategie zur Stärkung und Transformation unserer Wirtschaft. Diese Transformation der Wirtschaft ist neben der demokratiepolitischen Frage die drängende Aufgabe unserer Zeit. Damit wir wettbewerbsfähig bleiben und autonomer werden.

Bei der Frage von Wettbewerbsfähigkeit und Standortpolitik ist mir eine Erkenntnis besonders wichtig: Unser demokratisches System darf es nicht zum Nulltarif geben. Wir haben dafür, wenn es notwendig ist, auch wirtschaftlich einen Preis zu zahlen. Unsere Energieversorgung haben wir in die Hände eines Diktators gelegt, weil wir dort am billigsten eingekauft haben. Unsere Produktion von Arzneimitteln und anderen Gütern in die Hände eines autoritären Regimes, China – weil wir dort am günstigsten produzieren können.

Die USA und China investieren gewaltige Summen zielgerichtet in neue Innovationen, während viele in Österreich und Europa versuchen, den Status quo zu verteidigen. Diese Geisteshaltung gilt es zu verändern. Dann kann auch ein entschlossenes und handlungsfähiges Europa entstehen. Denn ein mutiges Europa ist kein Wunschtraum, sondern eine erreichbare Realität. Es liegt an uns allen, die notwendigen Schritte zu unternehmen, um dieses Europa zu bauen.

Judith Kohlenberger

BILDER

Ist ein Europa ohne „hässliche Bilder" möglich? Dass es ohne solche nicht gehen würde, verkündete der damalige Außenminister der Republik Österreich, Sebastian Kurz, Anfang 2016 im Brustton der Überzeugung. Erst kurze Zeit davor war der Leichnam des syrischen Buben Alan Kurdi an die türkische Mittelmeerküste angeschwemmt worden. Seitdem sind solche Bilder Teil des europäischen Alptraums geworden; sie suchen uns in den dunkelsten Stunden heim, beschäftigen Kommission und Parlament gleichermaßen, treiben Spaltung und Polarisierung voran, bescheren rechtspopulistischen Parteien Wahlerfolge, verzerren den öffentlichen Diskurs, verrohen unsere Sprache und zersetzen unsere Gesellschaft. Es sind Bilder von stacheldrahtumwickelten, drohnenbewachten Zäunen an der ungarisch-serbischen Grenze; von grün, blau, gelb schattierter Haut jener Menschen, die von der kroatischen Grenzpolizei zurückgeprügelt wurden; von zähnefletschenden Schäferhunden, die auf Migrant:innen gehetzt werden; von schwangeren Frauen auf Lesbos, die vor Verzweiflung ins Wasser gehen, und Kindern, die in Morast und Dreck aufwachsen; von überforderten 18-, 19-, 20-jährigen Kadetten der griechischen Marineakademie, die tagtäglich Unrecht und Gewalt gegenüber Schwächeren begehen müssen; von Bürgermiliz:innen, die das Recht in ihre Hand zu nehmen meinen; von Menschen hinter Gittern, deren einziges Unrecht ja doch nur darin besteht, Sicherheit und Freiheit in Europa gesucht zu haben; von Zeltlagern, Müllbergen und Schlammwüsten; von Leichensäcken, die von Fischkuttern getragen werden; von überfüllten Schlauchbooten in der Ägäis; von Foltergefängnissen in Libyen; von Grenzpatrouillen, die in der Sahara gestrandete Migrant:innen vor sich knien lassen, um ihnen gönnerhaft Wasser in den Schlund zu leeren; von verzweifelten, geschundenen, dehydrierten, aufgedunsenen, malträtierten Körpern an Europas Grenzen.

Wenn ich an Flucht und Vertreibung nach Europa denke, habe ich aber auch andere Bilder im Kopf. Bilder von den großen Bahnhöfen Europas, ob dem Westbahnhof in Wien, dem Hauptbahnhof in München, dem Bahnhof Budapest-Keleti, wo Menschen in Scharen hinströmten, um Ankommenden Nahrung, Wasser, Kleidung, Rechtsbeistand, Dolmetsch-Dienste und vieles mehr anzubieten. Bilder vom Grenzübergang im burgenländischen Nickelsdorf, wo Tausende Schutzsuchende ankamen und von der lokalen Bevölkerung alles Lebensnotwendige, vor allem aber Zuspruch und Anteilnahme erhielten. Zuletzt Bilder der großen Welle an Solidarität und Hilfsbereitschaft, die den ukrainischen Vertriebenen entgegengebracht wurde – auch von jenen Geflüchteten, die im Jahr 2015 gekommen waren und nun selbst etwas zurückgeben wollten. Das ist die andere Realität Europas.

Und dann sind da noch ganz persönliche Bilder, die sich im Rückblick auf die letzten Jahre aufdrängen, und diese Bilder sind bestimmt von den Menschen, die ich im Zuge meiner Forschung kennenlernen durfte. Damals, im Jahr 2015, als ich selbst an einer der europaweit ersten Studien zur großen Fluchtbewegung beteiligt war, konnte ich mit dem syrischen Demografen Zakarya zusammenarbeiten, der gerne erzählte, wie er mit der fünfköpfigen Familie und ihrem Plastikchristbaum von Damaskus nach Wien geflogen war; später Omar, Dirar und Waseem, die Teil unseres arabisch-sprachigen Übersetzerteams wurden und mir die wenigen Brocken Arabisch beibrachten, die ich beherrsche; zuletzt Oleksandra, eine Politikwissenschafterin aus Tscherkassy, die zuerst Bekannte, dann Kollegin, später Freundin wurde und mittlerweile ihre eigene Hilfsorganisation für ukrainische Mütter gegründet hat. Sie alle sind Europa und bereichern es täglich, weil sie zeigen, dass andere Bilder möglich sind.

ERLEBNISSE

Am 1. Mai 2004 stand ich als 17-Jährige im ungarischen Fertőszéplak und sang mir die Seele aus dem Leib. Es war der Tag der EU-Osterweiterung, die ich in der Partnergemeinde meines Heimatorts Wallern im Burgenland – direkt an der österreichisch-ungarischen Grenze gelegen, in unmittelbarer Nähe der geschichtsträchtigen Brücke von Andau – verbrachte. Und zwar nicht einfach als Zaungast, sondern als unmittelbar am Zeremoniell Beteiligte, die mit Sonderzug ankam und in der Parade von Bürgermeistern, Pfarrern, Gemeinde- und Kirchenrät:innen vom Bahnhof zum Kirchplatz marschieren durfte. War ich doch seit Jahren Mitglied des örtlichen Chors und damit mitverantwortlich für die Gestaltung des Rahmenprogramms an diesem Festtag. Vieles von diesem Tag vor fast zwanzig Jahren ist mir nicht mehr unmittelbar präsent, vermengt sich, wie es häufig so ist bei Erinnerungen aus Kindheit und Jugend, mit Bruchstückhaftem aus Videos, Fotos und Erzählungen anderer.

Deutlich aber erinnere ich mich an unser Liedrepertoire an diesem Tag. Natürlich durfte die Europahymne nicht fehlen, die – auf meine Anregung als Latein-Olympionikin hin – auf Latein gesungen wurde: Est Europa nunc unita et unita maneat / una in diversitate pacem mundi augeat („Europa ist nun vereint und wird vereint bleiben / eins in der Vielfalt, möge es den Frieden der Welt vorantreiben"). Hehre Worte, die 2012 durch die Verleihung des Friedensnobelpreises an die Europäische Union gekrönt wurden, von dem Geschehen an den EU-Außengrenzen aber tagtäglich Lügen gestraft werden. Die systemische Gewalt an Europas Peripherie war mir als 17-Jährige aber noch genauso fremd wie die EU-Kritik, die ich fast zwanzig Jahre später lautstark äußern sollte. Eine überzeugte Europäerin bin ich geblieben, gerade deshalb. Wäre mir das gemeinsame Europa, das den „Frieden in der Welt" vorantreiben soll, gänzlich egal, würde ich mir die Mühsal ersparen, regelmäßig auf seine Schwächen, Leerstellen und Mängel hinzuweisen – auf all die Dinge, in denen die EU hinter ihren eigenen Ansprüchen zurückbleibt.

Doch zurück nach Fertőszéplak. Im Programm dieses heißen Samstags im Mai befand sich auch ein ungarisches Kinderlied namens „Az a szép" (auf Deutsch: „die Schöne"). Wir österreichischen Chormitglieder beherrschten die Aussprache des ungarischen Liedtexts mehr schlecht als recht. Gelernt hatten wir sie, und hier schließt sich der Kreis zur späteren Migrationsforscherin, die sich in die Sopranstimmen eingereiht hatte, von den ungarischen Erntehelfer:innen, die im Weinbaubetrieb der Familie des Chorleiters arbeiteten. Diese hatten ihm den Text übersetzt und in selbstgebastelter Lautschrift so gut wie möglich transkribiert. Arbeitsmigration hatte im strukturschwachen Burgenland, bis zur EU-Osterweiterung selbst Ziel-1-Gebiet, eben nicht nur wirtschaftliche Vorteile. Und dennoch: Der Beitrag, den ausländische Arbeitskräfte, die praktischerweise über die seit 1989 passierbare und 2007, nach Ungarns Beitritt zum Schengenraum, gänzlich offene Grenze kommen konnten, wurde damals genauso wenig wertgeschätzt, und noch weniger öffentlich thematisiert, wie heutzutage. Dabei fanden sich immer weniger Österreicher:innen – die paar Studierenden während der Sommermonate ausgenommen –, die die knochenharte Arbeit am Feld, bei sengender Hitze, fehlendem Schatten, geringem Lohn und meist noch geringerer Anerkennung zu leisten gewillt waren. Das war die Realität der Beziehung zwischen Österreicher:innen und Ungar:innen im burgenländischen Grenzgebiet des Jahres 2004.

Und dann geschah an diesem Maitag etwas, was das bloße Anstimmen eines allseits bekannten Kinderlieds nicht vermuten hätte lassen. Denn während zu Europahymne und diversen Gospelsongs die Reaktion des ungarischen Publikums verhalten ausfiel, wogte nach den ersten Takten von „Az a szép" unverhoffte Begeisterung hoch: Junge wie alte Besucher:innen der Erweiterungsfeier jauchzten entzückt, spendeten spontan Zwischenapplaus, sangen mit und klatschten im Takt. Dass wir Sänger:innen nicht sehr textsicher waren, fiel kaum mehr auf, wurden wir doch getragen von den vielen Stimmen der Ungar:innen, die spontan miteinstimmten.

Da war es endlich, das laut hörbare Zeichen, dass die „alten" EU-Bürger:innen bereit waren, nicht nur „zu" den neuen zu singen, sondern mit ihnen; sich auf Augenhöhe zu begegnen, das reiche kulturelle Erbe, dass die neuen EU-Länder miteinbrachten, anzunehmen, auszuprobieren, sich ihm auszusetzen und damit zu riskieren, nicht mehr ganz so souverän zu wirken – dafür aber umso ehrlicher. Auch wenn es nur ein simples Kinderlied war, die Tragweite war enorm.

Da war es endlich, das gemeinsame, neue, größere Europa: Erweitert, weil bereichert, durch die Perspektiven, Traditionen, Kulturen und Sprachen der Neuen – neben Ungarn Estland, Lettland, Litauen, Malta, Polen, Slowakei, Slowenien, Tschechien und Zypern. Sie alle wurden in jenem Moment, als wir die ersten Töne von „Az a szép" anstimmten, für mich spürbar Teil der europäischen Familie. Und die Ungarinnen und Ungarn damals auf dem Kirchplatz von Fertőszéplak bekamen von den Österreicher:innen endlich das signalisiert, was eigentlich selbstverständlich sein sollte und es selbst im Europa unita viel zu selten ist: Ohne einen Schritt auf den Anderen zuzumachen, ohne die Sprache und den Blickwinkel des Anderen auszuprobieren, ohne Anerkennung des und Wertschätzung für den vermeintlich Anderen wird es nicht gehen.

Die 17-jährige Judith durfte damals Europa nicht nur erleben, sondern fühlen. Das geeinte Europa war keine leere Phrase, sondern wurde spür- und greifbare Realität, mitten am Kirchplatz in Fertőszéplak. Jahre später sollte sie mit Sorge beobachten, wie dieses an Kultur reiche Land unter Viktor Orbán abglitt in Konservatismus, Illiberalität und Rückwärtsgewandtheit, und (nicht nur) die Rechte von Schutzsuchenden mit Füßen tritt. Aber die Erfahrung dieses Maitages im Jahr 2004 gibt ihr bis heute die Gewissheit, dass ein anderes Ungarn, mitten im Herzen Europas, möglich ist. Az a szép.

GESCHICHTE

Die Geschichte Europas ist die vieler kleiner Geschichten; Erzählungen und Erlebnisse der Menschen, die in Europa ihre Heimat haben oder es zu ihrer zweiten Heimat machten. Damit ist die Geschichte des Kontinents auch eine von Flucht und Vertreibung, von Krieg und Konflikt, von Grenzziehungen und Grenzerfahrungen. Die Europäische Union wiederum ist im Kern ein migrationspolitisches Projekt: Keine Grenzen mehr für ihre Bürger:innen spürbar machen, das war und bleibt Teil ihrer Mission.

Doch schon lange vor dem gemeinsamen Schengenraum, aktuellen Debatten zum europäischen Asylsystem und den Ereignissen des Krisenjahrs 2015 war die Auseinandersetzung um Grenzziehungen und -überschreitungen fundamentaler Bestandteil der europäischen Wirklichkeit. Am deutlichsten legen die vielen Grenzgebiete Zeugnis davon ab – ob im Elsass, in Südtirol, in Galizien, auf Imia – überall finden sich Zeugnisse des Austausches, der Emigration und des mitunter schwierigen Ankommens. So auch im burgenländischen Seewinkel, wo ich aufwachsen durfte, in unmittelbarer Nähe zur ungarischen Grenze, und damit lange Zeit an der Peripherie Europas.

Auch wenn mir die Zeit des Kalten Kriegs und meine ersten Lebensjahre direkt am Eisernen Vorhang nicht mehr erinnerlich sind – im Herbst 1989 war ich knapp drei Jahre alt – so wirkt die Erfahrung dieser Zeit auch in meiner Familie und Umgebung nach. Die Stacheldrähte und unüberwindbar wirkenden Zäune, die Flüchtenden, die über den Einserkanal gen Westen in die Freiheit schwammen – allzu lange ist all das noch nicht her, und hat sich tief eingegraben in das kollektive Gedächtnis der Region. Noch heute berichtet mir die

Generation meiner Eltern und Großeltern von der nassen Kleidung, sogar von Badesachen, die immer wieder am Ufer des Kanals zurückgelassen vorgefunden wurden, oder von den Menschen, die zu Fuß durch die Dörfer entlang der Grenzen marschierten. Und von den Grenzpolizisten und Grundwehrdienern, die mit Gewehren die Grenze patrouillierten oder sie vom Wachturm aus beobachteten, ja mitunter sogar auf Ankommende schossen. Die Staatsgrenze war eine „harte" Grenze, die dementsprechend scharf bewacht werden musste.

In meiner Kindheit und Jugend nach Ende des Kalten Kriegs war sie wohl durchlässiger geworden, aber immer noch spürbar. In Form von langen Staus bei der Aus- und Einreise nach Österreich, verpflichtenden Passkontrollen und Zollwachebeamt:innen, die den Kofferraum öffnen ließen und nach Wareneinfuhren fragten. Einen Reisepass hatte ich schon als Kleinkind, ohne ging es in der Grenzregion nicht. Und dass Ungarn zwar ein Nachbarland, aber „Ausland" und damit „anders" als österreichisches Staatsgebiet war, machte all das überdeutlich.

Das alles änderte sich mit dem Beitritt Ungarns zum Schengenraum im Jahr 2007. Ungeahnte Reisefreiheit tat sich auf, man konnte so spontan nach Fertőszentmiklós, der ersten Ortschaft nach dem Grenzübergang Pamhagen, fahren, wie nach Podersdorf, nach Frauenkirchen und nach Neusiedl. Schengen war und bleibt für mich die unmittelbarste aller europäischen Erfahrungen: Es hat Europa zusammenrücken und „näher" werden lassen. Und es ist eines der größten Privilegien, die Europäer:innen genießen dürfen: Grenzen nicht mehr spüren zu müssen, sie ohne Widerstand, ohne Aufwand, ja mitunter ohne sie wahrzunehmen, überwinden zu können. Frei sein, indem man mobil sein kann. Auf einem Kontinent, der jahrhundertelang von Grenzen zerschnitten und von Konflikten um Grenzziehungen zerpflügt war, ist das wahrlich keine kleine Errungenschaft.

Dass zahlreiche Binnengrenzen seit 2015 wieder nach und nach geschlossen und kontrolliert werden oder dass das Schengener Abkommen, wie zuletzt im Rahmen des österreichischen Vetos gegen Bulgariens und Rumäniens Beitritt, politisch instrumentalisiert wird, schmerzt deshalb sehr. Denn Europa gelingt nur, wenn es grenzenlos bleibt.

PERSÖNLICHKEITEN

Die Geschichte Europas ist eine Geschichte von Flucht und Vertreibung, Aufbruch und Ankommen, Reise- und „Bleibefreiheit“ (Eva von Redecker). Kaum einer verkörpert das besser als der Österreicher Paul Weis. 1907 als jüngstes von vier Kindern in eine Unternehmerfamilie geboren (D. Weis & Co), wurde er zu einem der Gründungsväter der Genfer Flüchtlingskonvention – nicht zuletzt, weil er aufgrund der Verfolgung durch das NS-Regime selbst Flüchtling war. Er studierte bei Hans Kelsen, dem Architekten der „eleganten“ österreichischen Verfassung, promovierte in internationalem Recht und übernahm nach dem Tod des Vaters die Leitung des Familienunternehmens. 1938 wurde er in Dachau interniert, konnte es kurze Zeit später verlassen und nach Großbritannien emigrieren, wo er in einem Flüchtlingslager in Kent unterkam. Nach mehreren Zwischenstationen wurde er Protection Director der Internationalen Flüchtlingsorganisation, einer Vorläuferorganisation von UNHCR, und stellvertretender Hoher Flüchtlingskommissar der Vereinten Nationen. In den 1950ern schließlich verfasste er maßgeblich die Genfer Flüchtlingskonvention mit, indem er seine langjährige rechtswissenschaftliche Forschung zur Staatenlosigkeit einfließen ließ.

Ich selbst bin, obwohl seit Jahren in der Fluchtforschung tätig und dem Flüchtlingshochkommissariat der Vereinten Nationen eng verbunden, reichlich spät auf den Namen Paul Weis gestoßen.[15] Kaum eine:r Österreicher:in ist er als „großer Sohn" unseres Landes, als der er zweifellos gelten muss, bekannt, kaum eine:r Europäer:in als Architekt jenes Grundsatzdokuments, das den Schutz der Europäer:innen in Zeiten von Krieg und Verfolgung sicherte. Das ist bezeichnend für unseren Umgang mit den dunklen Zeiten dieses Kontinents, aber auch für den aktuellen Umgang mit Marginalisierten, Minderheiten und Ausgegrenzten. Viel zu oft ist noch vom „jüdischen Volk" oder „jüdischen" Mitbürger:innen, statt von Österreicher:innen, Deutschen, Ungar:innen, Niederländer:innen, Pol:innen und vielen anderen, die ermordet, vertrieben und enteignet wurden, die Rede. Und viel zu oft bleiben Schutzsuchende an Europas Grenzen eine gesichtslose Masse, eine „Flut" oder „Welle", eben „die Anderen". Dass Flucht und Vertreibung bis heute einen roten, weil blutgetränkten Faden bilden, der Europa genauso oft vereint wie zu spalten droht, ist offenkundig. Das Erbe, das ein Paul Weis als wahrhaft europäische Persönlichkeit hinterlässt, ist ein schweres. Immer öfter bleibt Europa hinter dem Anspruch, den die Genfer Flüchtlingskonvention formuliert, zurück: Jenen Schutz zu bieten, denen in ihrer Heimat Folter, Verfolgung und schwere Menschenrechtsverletzungen drohen.

Als Flüchtling aus dem nationalsozialistischen Österreich hat Paul Weis am eigenen Leib und durch die ihm unmittelbar zugetragenen Erlebnisse anderer Jüdinnen und Juden erfahren,

15 Und bedanke mich bei Lukas Gahleitner-Gertz von der Asylkoordination für den Hinweis.

was es bedeutet, an den Grenzen eines Landes abgewiesen zu werden. Bekannte Episoden wie die Schweizer Einreisesperre für Ausländer:innen, die allein aus „rassischen“ Gründen verfolgt wurden, sodass jüdische Geflüchtete aus Deutschland zwischen den Staaten gefangen waren, oder die Irrfahrt des Flüchtlingsschiffs St. Louis, das weder an der kubanischen, noch der kanadischen und US-amerikanischen Küste anlegen durfte und dessen Passagier:innen somit in den sicheren Tod zurückgeschickt wurden, bilden nur die Spitze des Eisbergs. Viele andere sind nicht überliefert, in Vergessenheit geraten oder einfach nicht archiviert und für die Nachwelt erhalten.

Als einer der Gründungsväter der Genfer Flüchtlingskonvention setzte Paul Weis einen Kontrapunkt gegen die Rechtlosigkeit der Vertriebenen dieser Erde. Früh erkannte er das „Problem der Staatenlosigkeit“, womit sich auch seine Dissertation beschäftigte – und identifiziert damit genau jenes Problem, das zur selben Zeit auch die deutsche Polittheoretikerin Hannah Arendt in ihrem Exil in den Vereinigten Staaten beschäftigte: Das „eine Menschenrecht“, von dem alle anderen abhingen, sei laut Arendt „Mitglied in einer Gemeinschaft“, einem Staatsvolk, einer Nation sein zu dürfen. Nur so ließen sich alle anderen, davon bedingten Rechte als Bürger:in einlösen, aktivieren und umsetzen. Diese zentrale Leerstelle wollte die Genfer Flüchtlingskonvention beheben: Sie garantiert Zugehörigkeit im Aufnahmeland durch das Non-Refoulement-Prinzip, also dem Grundsatz der Nicht-Abweisung. Nationalstaaten dürfen Flüchtlinge nicht über die Grenze in Gebiete zurückschicken, in denen ihr Leben oder ihre Freiheit bedroht ist, sondern müssen ihnen Zuflucht und damit Aufnahme bieten. Durch sein Leben und sein Wirken verkörpert Paul Weis das Eintreten für den Schutz der Schutzbedürftigen Europas, und später der Welt, denen Zugehörigkeit und Gemeinschaft zu einem schützenden Staat entzogen wurde.

Der selbst in mehreren Ländern Europas lebende Paul Weis verkörpert das Versprechen Europas als ein Hort der Freiheit, Offenheit und Rechtsstaatlichkeit. Der Traum eines grenzenlosen Kontinents wurde durch die Personenfreizügigkeit im Schengenraum verwirklicht. Auch wenn diese in den letzten Jahren wieder zur Disposition zu stehen scheint und durch Binnengrenzkontrollen unterwandert wird, etwa zwischen Deutschland und Österreich, Österreich und Ungarn oder Slowenien und Kroatien. Und auf Lesbos, vor Ceuta, in Kroatien und Bosnien, in der Ägäis und entlang des Evros wird das Kernelement der Genfer Flüchtlingskonvention, nämlich das Prinzip der Nicht-Zurückweisung, mit Füßen getreten. Uns Europäer:innen heute fehlt wohl die Erfahrung der eigenen Versehrtheit und Verwundbarkeit, die Paul Weis und seine Mitverfasser während des Zweiten Weltkriegs und der Verfolgung durch die Nationalsozialisten machen mussten. Genau aus dieser Erfahrung schöpften sie die Überzeugung, dass niemand zurückgewiesen werden darf; dass ausnahmslos alle, unabhängig von Herkunft, Religion oder Hautfarbe, Recht auf Schutz haben, wenn sie ihn brauchen.

VISION

Fragt man Flüchtlinge in den Lagern auf Lesbos oder Lampedusa, entlang der Balkanroute oder an der tunesischen Küste, kurz vor der Überfahrt übers Mittelmeer, warum sie denn ausgerechnet nach Europa wollen, so antworten diese nicht, wie fälschlich immer vermutet wird, dass sie die Sozialsysteme so attraktiv oder die Einreise so einfach fänden. An erster Stelle stehen abstrakte Werte von Freiheit und Sicherheit, die Europa ihnen und ihren Liebsten verspricht; die Aussicht auf ein faires, rechtsstaatliches Verfahren und die Möglichkeit, das eigene Leben selbstbestimmt, ohne Rücksicht auf Herkunft, Geschlecht, Alter, Religionszugehörigkeit oder sexuelle Orientierung gestalten zu können. Das ist das Versprechen Europas, welches es aber nicht nur für Neuankommende, sondern auch für die eigene Bevölkerung immer seltener einzulösen imstande ist. In Polen werden nicht nur die Rechte von Schutzsuchenden mit Füßen getreten, sondern auch die reproduktiven Rechte von Frauen beschnitten; in Ungarn ist das Asylrecht faktisch abgeschafft, Medien- und Pressefreiheit massiv eingeschränkt, die Unabhängigkeit der Justiz schon lange nicht mehr gegeben. Griechenland kriminalisiert NGOs, Anwält:innen und Seenotretter:innen. Die Gewalt und das Unrecht an Europas Grenzen greift längst nach innen aus und untergräbt zunehmend das rechtsstaatliche Fundament der Union.

Ich wäre aber keine überzeugte Europäerin, wenn ich nicht daran glaubte, dass Europa (wieder?) so sein kann, wie es ihm von der Ferne zugeschrieben wird: fair, gerecht, sicher, und vor allem frei. Das wird nicht ohne einen mitunter schmerzhaften Prozess des Ausverhandelns und Zusammenwachsens abgehen; nicht ohne „Wachstumsschmerzen“ des europäischen Wirs. Und es wird auch nicht gehen ohne Sanktionen für die, die laufend jene Regeln unterwandern, die sich Europa selbst gegeben hat, von Korruptionsstrafrecht bis hin zu Grund- und Menschenrechten. Sobald wir vom regelbasierten Grundkonsens abweichen, geben wir auch die Vision Europas auf.

Solch eine Vision zu haben, bedeutet aber auch, der Realität ins Auge zu sehen. Die europäische Bevölkerung wird, ob wir es wollen oder nicht, im Jahr 2050 anders aussehen als im Jahr 2024. Sie wird bunter, diverser und vielfältiger sein, was Hautfarbe, Religionszugehörigkeiten und Sprachen betrifft, gleichzeitig aber auch älter, gebrechlicher und beeinträchtigter.

Das alles sind zentrale Diversitätsdimensionen, auf die wir uns bis dato viel zu wenig einstellen konnten – oder wollten. Es fehlt an gesellschaftlicher Diversitätskompetenz und einer ernst gemeinten, nicht von den Rechtspopulisten vereinnahmten Debatte darüber, was es eigentlich bedeutet, Europäer:in zu sein: Muss man dafür weiß sein? In Europa geboren und aufgewachsen sein? Die lateinische Schrift beherrschen? Werte leben, und wenn ja, welche, wenn sich Europa selbst nicht mehr an sie hält?

Leider stellen wir überzeugte Europäer:innen diese Fragen viel zu selten – wohl auch aus Angst, dadurch das europäische Projekt als Ganzes zu hinterfragen. Damit fehlt aber auch eine Vorstellung dessen, wie Europa sein soll. Wie es nicht sein soll, das fällt uns meist leichter zu definieren: extremistisch, unfrei, verarmt, chaotisch, bürokratisch, eng, verschlossen, rückwärtsgewandt, abgehängt, überaltet, fad. Eine positive Vision aber braucht den Mut, sich Alternativen vorzustellen; was alles möglich wäre, wenn Europa sein Potential einlöste, seine Kräfte bündelte und beherzt in der Welt auftrete. Nicht von ungefähr ist der Mut laut Hannah Arendt die politische Kardinaltugend, um frei „denken, wollen, herstellen" zu können. Diese Freiheit allzeit zu gewährleisten, ist keine leichte Aufgabe; aber es ist eine, der in den geopolitisch fragilen Zeiten, in denen wir uns befinden, zunehmend nur Europa gerecht werden kann.

ZUKUNFT

Die Zukunft Europas beginnt an seinen Grenzen. Und dort sieht es derzeit grimmig aus. Denn gegenüber Schutzsuchenden aus Drittstaaten wolle man bewusst ein „grimmiges Gesicht" zeigen, so der spanische Innenminister

Fernando Grande-Marlaska im Sommer 2023, kurz nachdem sein Land die Ratspräsidentschaft übernommen hatte. In die Tat umgesetzt bedeutet diese Grimmigkeit nicht nur Auslagerung von Asylverantwortlichkeit an Transitländer mit zweifelhafter Menschenrechtslage, sondern auch wissentlich in Kauf genommene, teils sogar mitverursachte Schiffbrüche, systematisch stattfindende Pushbacks und brachiale Gewalt durch Grenzpolizei, Küstenwache und Bürgermilizen.

Begehen wir aber nicht den Kardinalfehler zu denken, dass diese Gewalt, die Entrechtung Schutzsuchender und das Leid an den Grenzen Europas folgenlos bliebe für die Bevölkerung innerhalb dieser. Die tagtäglich an der Peripherie (und nicht nur dort) stattfindende Brutalität in Wort und Tat macht die europäische Gesellschaft insgesamt gleichgültiger, apathischer und kälter gegenüber Minderheiten und Marginalisierten. Das Leid an den Grenzen und die Entrechtung Schutzsuchender wird durch eine Politik der Abschottung, Abschreckung und Auslagerung normalisiert, ja von höchster politischer Stelle legitimiert. Fatal wirkt die Strategie, den rechten Parteien Europas das Wasser abgraben zu wollen, indem man deren Positionen und Diskurse übernimmt. Ist es doch erst diese Anbiederung, die Illiberalität und Autoritarismus erstarken lässt, Gesellschaften intoleranter und radikaler macht. Frei nach Friedrich Nietzsche: Der grimmige Blick nach außen kommt in aller Härte ins Innere zurück.

Denn indem Zugeständnisse an restriktive, die Menschenrechte einschränkende Positionen gemacht werden, verschiebt sich das Overton-Fenster, also die Grenze des Sag- und Machbaren, immer weiter nach rechts. Damit werden rassistische, menschenverachtende Positionen weder entzaubert noch entmachtet, sondern salonfähig gemacht: Das offizielle Europa bereitet somit den Boden für rechtspopulistische Politik, die den Diskurs bei nächster Gelegenheit wieder ein Stück nach außen verschiebt; Menschenverachtung, Gewalt und Leid werden normalisiert; die „europäische Idee“ höhlt sich selbst aus.

Ein auf Lesbos geborener Grieche bringt es auf den Punkt: Wenn junge Polizisten tagtäglich und im vollen Bewusstsein, dass sie Unrecht begehen, Gewalt an Schwächeren ausüben – denn das sind unbewaffnete, dehydrierte, erschöpfte Migrant:innen allemal –, dann „sozialisiert und verroht man den Nachwuchs, zerstört Familien und die Gesellschaft“.[16]

Diese „Durchrohung der Gesellschaft“ haben zahlreiche Sozial- und Politikwissenschaftler:innen, zuletzt Wilhelm Heitmeyer in seinem gleichnamigen Buch (Suhrkamp 2023), immer wieder akribisch skizziert. Menschenfeindlichkeit gegenüber manchen führt zu Verrohung und Gewalt aller. Das Gefühl des Kontrollverlustes und der Orientierungslosigkeit, das zuletzt durch Pandemie, Klimakrise und Krieg in Europa noch gestiegen ist, befeuert diesen Trend. Für seine Abschottung nach außen zahlt Europa einen hohen Preis – im ökonomischen wie im ideellen und rechtlichen Sinne.

Solange wir diese Warnung nicht beherzigen, ist die Zukunft Europas eine grimmige. Dabei ist und bleibt die unmittelbarste und zentralste aller europäischen Erfahrungen die der fehlenden Grenzen nach innen und des Versprechens der Rechtsstaatlichkeit nach außen. Beides steht auf dem Spiel, wenn wir Werte, Recht und Freiheit der Maxime des grimmigen Gesichts unterordnen.

---

16 https://www.profil.at/ausland/eu-migrationspolitik-die-brutalitaet-der-grenze/402514909 (Stand: 27.09.2023)

Manfred Osten

GESCHICHTE – VISION

Der frühere Diplomat und Kenner Asiens macht sich Sorgen um Europas Zukunft. Er sieht China deutlich besser vorbereitet auf die vielen Herausforderungen der Zukunft als Europa. Das leitet er vor allem aus einem Vergleich der Bildungssysteme ab.

Tian Xia: „Alles unter einem (chinesischen) Himmel"? Ein Versuch, Europa chinesisch zu betrachten.

I.

1697: Der deutsche Philosoph Gottfried-Wilhelm Leibniz fordert in seinem soeben erschienenen Buch über China („Novissima Sinica": Das Neueste über China) eine geistige „Zeitenwende". Er empfiehlt nämlich im Rückblick auf die Gräueltaten des Dreißigjährigen Krieges die „Entbarbarisierung" Europas. Und zwar durch das Erlernen der chinesischen Sprache und Schrift. Hatte Leibnitz doch über das komplizierteste Formensystem, das die Menschheit geschaffen hat, überraschend Kenntnis erlangt: Auf dem Umweg über europäische Jesuiten am chinesischen Kaiserhof hatte er erfahren, dass das Erlernen der chinesischen Sprache sich offenbar als extrem wirkmächtig erweist für die Optimierung des Menschen, vor allem der menschlichen neuronalen Architektur. Denn schon die notwendigen frühkindlichen Studien dieser Sprache gehen einher (wie neurowissenschaftliche Langzeitstudien zeigen) mit der Bildung hoher eidetischer und akustischer Kompetenzen, in Verbindung mit einer hohen Konzentrationskompetenz. Und zwar mit dem Ergebnis einer irreversiblen Leistungs- und Motivations-Konditionierung.

Schon Konfuzius hatte in diesem Sinne ein exzellenzorientiertes, lebenslanges Lernen und Üben gefordert. Ein Lern- und Übungsprozess, der vor rund vierzig Jahren von Deng Xiao Ping nun für die gesamte chinesische Nation zur Pflicht erklärt wurde – mit dem Ergebnis einer Alphabetisierungsquote von 98 %, bei inzwischen 1,4 Milliarden Menschen. Zum Vergleich: In Deutschland ist inzwischen statistisch nachweisbar, dass jeder sechste 15-Jährige offenbar als sekundärer Analphabet eingestuft werden muss.

Europa geht aus chinesischer Sicht in der Bildung offenbar den umgekehrten Weg: mit dem Fernziel eines leistungslosen Abiturs? Dies gilt vor allem für die Königsdisziplin des 21., das heißt des algorithmischen Jahrhunderts: die Mathematik. Während in China von tausend 10-Jährigen sich 400 für die höchste mathematische Leistungsstufe qualifizieren, sind es in Deutschland nur 50. Während China mit 65 % erfolgreichen Studienabschlüssen in den MINT-Fächern weltweit die Spitze behauptet, entfallen in Deutschland rund 50 % der Studienabbrüche in den Bereich dieser Disziplin.

Mit dem Ergebnis, dass es China mit dieser Bildungsrevolution gelungen ist, in den letzten vierzig Jahren den erfolgreichen Weg zu gehen vom Imitator zum Innovator – mit dem Ziel, 2049 wieder das zu erreichen, was China schon einmal war, unter anderem in der Song-Dynastie (1000 bis 1300 n. Chr.): die technologische Führungsmacht der Welt.

II.

500 v. Chr.: In China herrscht das Chaos der „streitenden Reiche". Und es ist Konfuzius, der in den Gesprächen mit seinen Schülern die bereits erwähnte Chaosüberwindungsstrategie des lebenslangen Lernens und Übens empfiehlt. Und dies in Verbindung mit der Einsicht, dass in Gefahr und großer Not nur das Kollektiv mit einer Überlebenschance rechnen kann. Wobei er sich mit dieser Strategie auf die entsprechende Erfahrung der bis heute gültigen fernöstlichen hydrologischen Reisbauernkultur beziehen konnte. Das heißt, auf die existenzielle Notwendigkeit des Gemeinsinns beim Geben und Nehmen des Wassers für die Reisfelder. Und dies in einem Land mit nur etwa 7 % der weltweiten Anbaufläche und einem Fünftel der Menschheit.

Die Erhaltung und Steigerung des Gemeinsinns ist daher in China stets prioritär gegenüber den Forderungen des Individuums. Und dies mit der grammatischen Besonderheit der chinesischen Sprache: Die Akzentuierung individuellen Handelns ist überhaupt nicht möglich, da die chinesische Sprache keine Konjugation der Verben und auch keine Differenzierung zwischen Singular und Plural kennt. China ist deshalb bis heute auch extrem offen für die Verheißungen von Zukunftstechnologien mit der Aussicht auf eine Optimierung des Gemeinwohls. Verheißt doch z.B. das in China bereits weitentwickelte autonome Fahren den drastischen Rückgang von Millionen Verkehrstoten. Und die größtmögliche Datentransparenz ermöglicht die frühzeitige Erkenntnis von Infektionsketten und Pandemien über die entsprechende App.

Europa geht auch hier aus chinesischer Sicht den gegenläufigen Weg einer anarchisch scheinenden Individual- und Streitkultur mit Tendenzen einer zunehmenden Polarisierung und Fragmentarisierung der Gesellschaft, in der der Gedanke des Gemeinsinns erodiert. Im Zeichen libertärer und egoistischer Forderungen, die an die falsche Interpunktion des Schillerschen Tell-Zitats erinnern: „Der brave Mann denkt an sich, selbst zuletzt."

III.

2049: China erreichte Anfang des Jahres einen Welterfolg im Zeichen der globalen alternativen Energiesicherung, und zwar durch Wasserstofffusionstechnik: Im Superconducting Projekt „Tokamak" gelang es, erstmals die Plasmatemperatur der Sonne von 100 Millionen Grad für über 40 Sekunden aufrechtzuerhalten.

Europa geht auch hier aus chinesischer Sicht einen anderen, problematischen Weg. Der renommierte Naturwissenschafter und Präsident der Europäischen Akademie der Wissenschaften, Klaus Mainzer, hat in seinem soeben erschienenen Buch über die Zukunftssicherung durch nachhaltige Innovation in den Schlüsseltechnologien des 21. Jahrhunderts aufmerksam gemacht auf die „zunehmende Unfähigkeit westlicher Demokratien, Krisen zu bewältigen und große Infrastrukturprojekte durchzuführen". Er hat gleichzeitig erinnert an die 1961 erschienene Schrift des chinesischen Philosophen Zhao Tingyang und an die darin entfaltete, uralte chinesische Idee des Tian Xia („Alles unter einem Himmel"). Der Gedanke also einer Weltinnenpolitik ohne Außen, im Zeichen eines chinesischen Jahrhunderts? Eine Frage, die bereits 1692 der erwähnte Philosoph Leibniz in einem Schreiben an seinen Korrespondenzpartner in Peking, den Jesuitenpater Grimaldi, auf die Formel gebracht hatte: „Sie bringen den Chinesen unsere Fähigkeiten. Ich brauche Sie jedoch nicht zu ermahnen, dass die Unseren ihre Überlegenheit nicht völlig einbüßen (...), damit die Chinesen (...) nicht die Europäer eines Tages verlachen und als ferner nicht mehr notwendige Leute vor die Türe setzen."

Anna Pattermann

ZWEI WELTEN EUROPAS

Als Ukrainerin, die derzeit keinen Frieden erlebt und die Gewalt eines anderen autoritären Staates erfahren hat, erkenne ich die Bedeutung der weiteren Entwicklung und die Dringlichkeit der Erhaltung der Europäischen Union als Friedensprojekt. Es ist wohl menschlich, Dinge nicht ausreichend zu schätzen, solange wir sie besitzen. Erst wenn wir sie verlieren, beginnen wir, unsere Entscheidungen zu bedauern. Die Europäische Union und ihre interne Gestaltung ermöglichen ein menschenwürdiges Leben. Es liegt in unserer Verantwortung, die EU zum Wohle unserer künftigen Generationen zu erhalten.

BILDER

Mein guter Freund wuchs neben einem polnischen Markt auf, der zu seinem täglichen Schulweg gehörte. Er erinnert sich an die graue Stadt seiner Kindheit und erzählt, wie der Markt mit seinen europäischen Produkten wie ein Freizeitpark wirkte, strahlend in bunten Farben.

Es überrascht nicht, dass meine gesamte Kindheit von einer Umgebung geprägt war, die von sowjetischem Erbe durchdrungen war. Als Kind muss man nicht verstehen, was in der aktuellen geopolitischen Situation vor sich geht. Man nimmt einige Themen der Erwachsenen unbewusst wahr. Die Umgebung meiner Kindheit war geprägt durch direkte Folgen komplexer geopolitischer Beziehungen, doch als Kind musste ich das nicht begreifen. Meine Freund:innen und ich freuten uns einfach über die wenigen schönen Dinge, die wir hatten.

In meiner Kindheit gab es nur wenige europäische Elemente bzw. Assoziationen mit Europa: Autos, Technologie, Straßen, der Euro, Architektur, Struktur und Rechtsstaatlichkeit. Diese Begriffe verband man außerhalb Europas mit dem Kontinent. Gebrauchte Autos und hochwertige Technologie wie eine europäische Waschmaschine waren vor 15 Jahren begehrte Güter. „Gute Straßen" bedeuteten asphaltierte Wege ohne Löcher, auf denen man problemlos fahren konnte. Über Euros freute man sich, wenn man sie zum Geburtstag oder zu anderen Festlichkeiten geschenkt kriegte.

Ich erinnere mich an den Winter, als meine Oma und ich über eine kleine Metallbrücke nach Hause gingen und den Schrei einer Katze aus dem teilweise gefrorenen Fluss hörten. Es war tragisch, dass das Ertränken von kleinen Katzen und Hunden eine verbreitete Methode in der Ukraine war, um die Population streunender Tiere zu verringern. Ich konnte nicht einfach vorbeigehen. Meine Oma, heldenhaft inmitten des ukrainischen Winters, ging in den Fluss und rettete die Katze. So wurden wir stolze Besitzerinnen einer wunderschönen, flauschigen, rotbraunen Katze.

Es gibt viele solcher Erinnerungen aus meiner Kindheit. Wenig davon ist europäisch, denn mein Land war lange Zeit vom sowjetischen Regime kolonisiert worden, das eine völlig andere Ausrichtung als Europa hatte. Im 20. Jahrhundert kannten die Ukrainer:innen keine Freiheit oder die Möglichkeit zur Entwicklung ihrer eigenen Individualität. Die Europäische Union wurde gegründet, um Länder wirtschaftlich, sozial und politisch zu vereinen. Sie basiert auf Werten wie Freiheit, Solidarität, Demokratie, Gleichheit und Rechtsstaatlichkeit. Die UdSSR hingegen beruhte auf der illusionären Vorstellung von „Gleichheit für alle". Diese wurde durch Unterdrückung der Bevölkerung, Plünderung, Raub und Enteignung im Namen der Sowjetunion und Moskaus erreicht, das alles aufteilte. Die Vorgehensweise war streng zensiert. Der Unterschied zwischen den ausgeprägten Werten dieser beiden Projekte ist enorm. Während in der UdSSR der einzige erlaubte Glaube der Kommunismus war, wurde jede Entwicklung einer eigenen Identität bestraft, zum Beispiel durch den Holodomor, eine künstlich geschaffene Hungersnot. Es handelt sich um zwei völlig verschiedene Welten, da die herrschenden Ideologien – Demokratie gegen Totalitarismus bzw. später Autoritarismus – auf völlig unterschiedlichen Wertvorstellungen basierten. Diese Werte hatten direkten Einfluss auf das Leben der Menschen. Aus der Perspektive eines Kindes betrachtet, war und ist Europa ein Licht, eine Erscheinung der Hoffnung, ein System, das die Würde des Menschen respektiert.

ERLEBNISSE

Ich erinnere mich daran, als meine Eltern sich ganz in Orange kleideten. „Wir sind ein Teil von Europa. Wir streben ein besseres Leben an. Wir wollen Rechtsstaatlichkeit und

Demokratie", erklärten sie mir, bevor sie zur Kundgebung gingen. Es war die Zeit der sogenannten Orangen Revolution (November 2004), ich war damals erst acht Jahre alt. Zu dieser Zeit wusste ich noch nicht viel über Europa. Für mich stand Europa für Qualität, Rechtsstaatlichkeit und bessere Chancen. Es schien mir ein Ort zu sein, der für die Menschen geschaffen wurde.

Ich erinnere mich an einen Spaziergang mit meiner Oma zum Kindergarten. Wir durchquerten einen wunderschönen Park, und sie erzählte mir Geschichten von grausamen Ereignissen, die Menschen vor langer Zeit einander angetan hatten. Zu dieser Zeit dachte ich darüber nach, wie glücklich ich war, genau in einer so friedlichen Ära geboren zu sein, in Zeiten des Friedens. Begriffe wie der Erste Weltkrieg, der Zweite Weltkrieg, die UdSSR, der Holodomor und Tschernobyl waren für mich damals abstrakt und weit von meiner glücklichen Kindheit entfernt.

Meine Mutter erzählt, dass vor dem Zerfall der UdSSR die Menschen wenig über Europa wussten. Lacoste-Jeans und Beatles-Schallplatten waren etwas Verbotenes, für das man ins Gefängnis kommen konnte. Die Menschen haben diese Waren heimlich eingeführt. Besitz einer fremden Währung wie beispielsweise Dollar war etwas Kriminelles. Der „Eiserne Vorhang" prägte das Leben. In der UdSSR sah man alle Bilder des dekadenten Westen nur auf den Fernsehbildschirmen. Alles am Westen war angeblich schlecht, es war nicht erlaubt, Interesse an Europa zu zeigen.

Nach dem Zusammenbruch der Sowjetunion im Dezember 1991 öffneten sich die Grenzen zu einer anderen Welt. Die Menschen begannen, Geschäfte zu machen. In meiner Stadt, Khmelnitskyi, gab es vor dem Zusammenbruch einige Fabriken, die Fleischwölfe, Fernseher, Pumpen und andere Geräte herstellten. Die Arbeiter:innen erhielten ihre Löhne in Form dieser Waren und verkauften diese in Polen, um Lebensmittel und Kleidung zu kaufen. Dann kamen die Menschen aus Polen zu uns und brachten „westliche“ Artikel wie Jeans, Pullover, alle möglichen Artikel von Lacoste und gebrauchte, aber gut erhaltene Technik mit. Wenn die Ukrainer:innen kein Geld hatten, konnten sie sie auch im Tauschhandel bekommen.

Im Jahr 2013 erlebte ich erneut Europa: In der Ukraine brachen innenpolitische Unruhen aus. Meine Mutter bereitete sich auf etwas Wichtiges vor. Ich fragte sie, wohin sie ging. „Auf eine Kundgebung.“ Unsere Regierung hatte unter Einsatz der Sondereinheit „Berkut“ den studentischen Protest am Vortag (in der Nacht vom 29. auf den 30. November 2013) gewaltsam aufgelöst. Dazu setzte die Regierung, wie es im Gegensatz zu Europa in autoritären Staaten oft gebräuchlich ist, Milizen anstelle von regulären Polizeieinheiten ein. Deren Aufgabe ist bei weitem nicht, die Bürger:innen zu schützen, sondern die brutale Unterdrückung des Volkes in Hinblick auf die herrschende Elite aufrechtzuerhalten. Dieser Protest richtete sich gegen die Entscheidung der Regierung, die Vorbereitungen für das Assoziierungsabkommen mit der Europäischen Union zu stoppen. Die Studierenden wurden schwer misshandelt und verfolgt, eine Studentin kam dabei ums Leben. „Das hättest auch du sein können“, sagte mir meine Mutter. Sie fuhr fort: „Ich weigere mich, in einem Land zu leben, in dem die Regierung die Bevölkerung und ihren Willen ignoriert und unterdrückt, indem sie unsere Kinder tötet. Wir sind freie Europäer.“ Das waren die Ereignisse vor der Euromaidan-Revolution. Zu dieser Zeit war ich 17 Jahre alt.

Während meiner Schulzeit war mein Papa immer in Europa unterwegs. Meine Eltern waren Autohändler:innen, die gebrauchte Wagen aus Europa in die Ukraine exportierten. Meine Eltern engagierten eine Englisch-Nachhilfe für mich, seit ich klein war, damit ich mein Studium in Europa absolvieren könnte. In welchem Land ich studieren würde, war ihnen egal, sagten sie, Hauptsache Europa. Europa hieß für uns eine bessere Zukunft.

GESCHICHTE

Meine Geschichte beginnt in Khmelnitskyi, einer Stadt mit etwa 350.000 Einwohner:innen in der Zentralukraine. Ich hatte das Glück, von meiner Oma Dina aufgezogen zu werden. In meiner Familie wurde Syrzhuk gesprochen, eine Mischung aus zwei Sprachen: Ukrainisch und Russisch. Die Eltern meines Vaters hatten lange in Russland gelebt, daher verbrachte ich als Kind viele Sommer in der Nähe von Moskau und war im tiefsten russischen Baschkirien zu Besuch. Meine Mutter bemühte sich in meiner Kindheit einmal pro Woche um einen russischen Tag für mich, an dem wir ausschließlich diese Sprache sprachen, um meine Fähigkeiten zu verbessern. Ich hatte lange Zeit eine eher positive Einstellung zu Russland, nicht zuletzt wegen meiner Verwandten dort. Ich bemerkte schockiert, dass etwas Seltsames geschah, als nach 2014 russische Truppen in die Ukraine einmarschierten. In einem Telefonat mit meiner Mutter drückte meine russische Tante aus, dass sie wahnsinniges Mitleid mit uns hätte; unsere Löhne bekämen wir jetzt ja nur noch in Patronen ausgezahlt. Verwirrt fragte ich mich, was das bedeuten sollte, ohne wirklich verstehen zu können, woher diese Erzählung stammte.

Im Jahr 2013 kam ich mit 17 Jahren nach Österreich. Hier durchlief ich zwei Prozesse: Zum einen erlebte ich eine rasche Europäisierung, lernte die Bedeutung Europas kennen und welche praktischen Vorteile es bietet. Es beeindruckt mich, dass die Menschen in der EU das Recht auf Freizügigkeit genießen können und problemlos innerhalb der Mitgliedsländer reisen und arbeiten können. Wie großartig ist es, dass zahlreiche Herausforderungen, wie die Maßnahmen zum Umweltschutz, gemeinsam auf internationaler Ebene gedacht werden können? Studierendenaustausch, Förderung von Forschung und Innovation, zahlreiche Unterstützungen und die Überwachung von Menschenrechten und Demokratie sind weitere positive Aspekte. Die EU ist ein Beispiel dafür, dass wir gemeinsam stärker sind.

In den letzten zehn Jahren habe ich das Privileg gehabt, Teil der Europäischen Union zu sein und Europa aus einer neuen Perspektive zu erleben. In dieser Zeit habe ich nicht nur die positiven Aspekte der EU kennengelernt, sondern auch die Herausforderungen, denen wir gegenüberstehen. Dieser Prozess lief ständig parallel zu meinem positiven Kennenlernen, und es dauerte zehn Jahre, bis ich die Schwächen Europas identifizieren konnte.

Populistische Ideen, insbesondere von rechten Parteien, stellen aus meiner Sicht eine ernsthafte Bedrohung für die gesamte europäische Sicherheitsarchitektur dar. Diese Ideologien öffnen Tür und Tor für externe Einflüsse, besonders aus Ländern wie Russland, die über verschiedene Kanäle versuchen, ihre Sichtweise zu verbreiten. In Wien wurde mir erstmals eine alternative Sichtweise der Geschehnisse in der Ukraine präsentiert, eine Erzählung, die der russischen Seite stark in die Hände spielt. Dieses Déjà-vu in Europa erinnert mich an die Geschichten meiner russischen Tante, und es bereitet mir große Sorgen.

Inwieweit ein Volk für von der Regierung verursachte Verbrechen, sei es im Bereich der Menschenrechte oder territorialen Integrität, mitschuldig ist, stellt eine äußerst heikle und komplexe Frage dar. Aus meiner persönlichen Sicht kann ich dazu zunächst nichts anderes sagen, als dass ich mich, wäre ich Russin, tief schämen und schuldig fühlen würde für die Gräueltaten, die mein Volk in diesem Krieg begeht.

Betrachtet man den aktuellen Zustand Europas und das Erstarken zahlreicher rechtsextremer Parteien, wird deutlich, dass die wahre Stärke der EU im Frieden liegt. Jetzt mehr denn je liegt es an den Menschen, sich als EU-Bürger:innen für diesen Frieden verantwortlich zu zeigen und sich nicht hinter den nationalistischen Ideen einiger weniger Parteien zu verstecken. Den Europäer:innenn muss klar sein, in welcher Welt wir uns wiederfänden, sollte die Ukraine in diesem Krieg dem imperialistischen Russland zum Opfer fallen.

PERSÖNLICHKEITEN

Ich hatte viele Menschen um mich herum, die mir Europa näherbrachten. Angefangen bei meinen Eltern, die, obwohl sie in einem Land geboren wurden, das nicht mehr existiert, nämlich der Sowjetunion, stets sehr weltoffen waren. Obwohl sie nie in der EU gelebt hatten, sind sie viel in Europa gereist, hatten hier geschäftlich zu tun und brachten mir in meiner Erziehung demokratische Werte bei.

Lilya, meine Englisch-Nachhilfelehrerin, begleitete mich von der zweiten bis zur neunten Klasse. Dank ihr hatte ich die Möglichkeit, mobil zu sein, indem mein Englisch mir Wege öffnete. Natürlich gab es auch Menschen auf meinem Weg, die voller Vorurteile und Hass waren. Ich erinnere mich, wie mein Vater mir nach einer Geschäftsreise erzählte, dass wir in Europa als „Dritte Welt“ bezeichnet wurden. Er erklärte mir, dass „Dritte Welt“ weniger wert sei als Europa, was auch immer das bedeuten mochte.

Besonders beeinflusst haben mich Menschen, die schon lange in der EU wohnen. Ein guter Freund von mir, Maksi, lebt in Berlin. Dank ihm konnte ich einige Male nach Berlin reisen. Auch wenn diese Stadt mein Herz nicht erobern konnte, haben mir solche zwischenmenschlichen Beziehungen Europa tatsächlich nähergebracht.

Mit 17 Jahren spielte ich eine kurze Zeit lang ein Online-Spiel. Es war über einen deutschen Server zugänglich, auf dem viele Deutsche und Österreicher:innen spielten. Ich war eines der wenigen Mädchen und die einzige aus der Ukraine. 99 % der Spieler:innen waren sehr nett und freundlich zu mir. Es war eine wirklich schöne Erfahrung. Lustigerweise lernte ich dort zum ersten Mal einen Österreicher kennen. Ich erinnere mich nicht mehr genau an ihn, aber ich weiß noch, wie glücklich ich war, ihm zu begegnen. Ich erzählte ihm, dass ich in Wien studiere. Seine erste Frage war, ob ich als Prostituierte arbeite. Er meinte, das Leben in Wien sei ja teuer, er hatte hauptsächlich Vorurteile gegenüber osteuropäischen Frauen. Ich war schockiert und beleidigt. Diese Begegnung zeigte mir, dass es überall Vorurteile und Klischees über andere Völker gibt, die nicht unbedingt gesund und angenehm sind.

VISION – ZUKUNFT

Im Alter von 27 Jahren lebe ich in Wien und schaue in den friedlichen Himmel dieser Stadt. Dennoch fühle ich mich innerlich noch nicht reif genug und versuche verzweifelt zu verstehen, wie es im 21. Jahrhundert zu der schrecklichen Invasion in der Ukraine kommen konnte. Wie kann es sein, dass ich in zwei parallel existierenden europäischen Welten lebe?

In einer Welt wurde ein fremdes Land mit Gewalt und einem Vernichtungskrieg überfallen, während in der anderen ein demokratisches Land wie Österreich existiert. Hier, in Wien, schätzen wir die Freiheit, die uns gehört. Wir leben in einem demokratischen Umfeld, wo freie Meinungsäußerung und das Recht auf politische Kundgebungen geachtet werden. Ich erinnere mich daran, wie wir im Sommer 2023 eine Kundgebung anlässlich des Jahrestages von russischen Verbrechen in Olenivka organisierten. Es gab währenddessen zahlreiche Provokationen. Einer der Provokateure baute sich vor mit auf und bedrohte mich, ich solle schweigen. Es war das erste Mal in meinem Leben, dass ich die Polizei rief. Innerlich hatte ich große Angst davor; eine Stimme in meinem Kopf flüsterte mir, dass mein Holen der Polizei für mich schlimme Konsequenzen haben werde. Würde mir verboten werden, weitere Kundgebungen anzumelden, wenn ich die Polizei zu oft wegen Provokationen störte? Als die Polizisten schließlich eintrafen, zitterten meine Beine vor Aufregung. Sie brachten den Provokateur weg und informierten mich später, dass alles in Ordnung sei. In diesem Moment schossen mir Tränen in die Augen. Das war meine erste direkte Begegnung mit dem Rechtsstaat, für die ich der Wiener Polizei für immer dankbar sein möchte. Es gibt eine Demokratie, in der die Bürger:innen tatsächlich geschützt sind, es beeindruckt mich, wie hier politische Führer:innen im Dialog mit ihrem Volk stehen, offen für Diskussionen und Ideenaustausch. Für mich repräsentiert Europa diese Werte.

Die Europäische Union ist für mich eine ideologische Vorreiterin, die hoch entwickelte, zivilisierte Menschen vereint, die sich für einen moralischen Kompass einsetzen. Sie stehen für Gerechtigkeit und bewahren gleichzeitig die Vielfalt ihrer Kulturen und Traditionen. Dieses Zusammenspiel von Einheit und Diversität macht Europa einzigartig und stark.

Im Kontrast dazu könnten wir uns vorstellen, wie Europa nach russischen Werten aussehen würde: Ausbeutung der Menschen aus EU-Mitgliedstaaten, allgegenwärtige Zensur und Angst sowie eine machthungrige Elite, die über ganze

Länder und sogar Kontinente herrschen möchte. Dieser Wertekonflikt wird oft nicht klar erkannt.

In Wien höre ich nach der geschickten prorussischen Propagandaarbeit immer wieder Meinungen, die diesen Krieg rechtfertigen oder die Schwere der Situation in der Ukraine relativieren. Diese Kluft zwischen der Wahrnehmung der Österreicher:innen und der Realität der Ukraine ist besorgniserregend und weist auf zwei Herausforderungen in Europa hin.

Zum einen zeigt sie den starken Einfluss Russlands und anderer autoritärer Staaten innerhalb der EU. Zum anderen deutet sie auf mangelnde politische Bildung hin. Diese Lücke erleichtert es autoritären Regimen, ihre Propaganda zu verbreiten. Europäer:innen ohne ausreichenden Kontext und politisches Wissen sind anfälliger für fremde Propaganda. Das hat weitreichende Konsequenzen, wie die mangelnde Erkennung der Annexion von Gebieten und die Okkupation von Ländern. Es ist bedauerlich, dass Menschen ohne politische Bildung populistische Parteien unterstützen, die solche Aggressionen rechtfertigen.

Wie wird sich die Zukunft Europas entwickeln? Wenn Menschen sich sicher fühlen, neigen sie dazu, sich zurückzulehnen und die Demokratie als selbstverständlich anzusehen. Als Aktivistin höre ich oft die Frage, warum die Ukrainer:innen nicht kapitulieren, als wären wir Kinder, die nie gelernt haben, etwas zu teilen.

Jeder Mensch hat das Recht auf Leben, und jeder hat das Recht, in Frieden zu leben. Russland versucht, den Ukrainer:innen dieses Recht zu entziehen. Es wird sich zeigen, ob wir Europäer:innen wirklich aus der Geschichte gelernt haben. Es liegt in unserer Verantwortung, diejenigen zu unterstützen, die für Freiheit und Demokratie kämpfen. Ich strebe danach, die Veränderung zu sein, die ich in der Welt sehen möchte, und ich bin überzeugt, dass es unsere Verantwortung ist, diese Welt besser zu gestalten. Für mich bedeutet „besser", keine Kompromisse mit meinem Gewissen einzugehen, selbst wenn es um gute wirtschaftliche Deals geht. Es bedeutet, moralisch das Richtige zu tun, so wie es den Europäer:innen zusteht. Für mich bedeutet „besser", nicht wegzuschauen, wenn jemand in Not ist. Die Ukraine aufgrund mangelnder Unterstützung zur Kapitulation zu zwingen, widerspricht meiner Vorstellung von Europa.

Demokratie ist nicht selbstverständlich. Es ist eine Konstante, die wir schätzen und schützen müssen, indem wir Bildung und kritisches Denken fördern. Europa besteht aus den Menschen und Werten, die es ausmachen. Wir tragen die Verantwortung, die Werte, für die Europa steht, zu verteidigen und zu bewahren.

In Erinnerung an meine geliebte Oma, Dina Karchevska.
Danke, dass es dich gab.

Fari Ramic

EIN EUROPA, DAS UNS IM STICH LIESS

Vor einigen Monaten saß ich mit meinem Vater im Auto und in den Radionachrichten wurde über den Ukrainekrieg berichtet. Was genau, weiß ich nicht mehr, weil man sich mit der Zeit an das Schreckliche gewöhnt hat und irgendwie abgestumpft ist. Jedenfalls sagte mein Vater etwas, das ich wohl nie vergessen werde: „Hätte es die Amerikaner nicht gegeben, hätten sie uns alle abgeschlachtet. Wir Bosnier waren Europa egal und es ist heute nicht viel anders." Ich fragte ihn, wie er das meinte.

März 1992 – Bosnien

Bosnien hat sich gerade für unabhängig erklärt und alles schien ungewiss. Gewiss war, dass meine Mutter mit mir schwanger war. Sie zog damals zu meinem Vater und seiner Familie, der in einem kleinen Dorf Namens Šeher wohnte. Šeher befindet sich im Osten von Bosnien nahe der serbischen Grenze und war damals wie heute ethnisch durchmischt.

Sowohl Bosniak:innen als auch Serb:innen lebten Jahrzehnte lang Haus an Haus. Man war befreundet, besuchte sich und trank gemeinsam Kaffee. Religion oder Ethnien waren nie Thema. Ab März 1992 begann sich die Situation allerdings zu verändern: Das Haus, in dem meine Eltern und die Familie meines Vaters wohnten, wurde in grüner Farbe mit einem Halbmond beschmiert. Wohl ein Zeichen, dass hier Moslems wohnen. In der Zwischenzeit wurden auch schon Waffen an serbische Zivilisten ausgeteilt, darunter auch die Nachbarn. Der Ton wurde rauer. Mitten in der Nacht riefen ununterbrochen unbekannte Personen an. Zuerst wurde nur am Telefon mit Ermordung gedroht, dann auch auf offener Straße. Meine Mutter hatte große Angst. Noch dazu war mein Vater nicht da. Er wohnte und arbeitete unter der Woche in Belgrad, da die Gehälter dort damals doppelt bis dreifach so hoch waren. Es mehrten sich die Nächte, in denen geschossen wurde. Wenn es ganz schlimm wurde, versammelten sich alle und flohen in einen nahegelegenen Keller. Eines Nachts war dies der Fall. Sie ließen allerdings meine Mutter, die zu diesem Zeitpunkt im zweiten Stock des Hauses war, zurück. Sie merkte es erst, als alle weg waren. Von da an wollte sie nicht mehr in Šeher sein. Die Charakterlosigkeit meine Verwandten könnte sowohl mir als auch meiner Mutter das Leben gerettet haben.

Ende März kam mein Vater, um meine Mutter zu sich nach Belgrad mitzunehmen. Er versuchte, seinen Vater, Mutter und Bruder dazu zu überreden, auch mitzukommen, die sich allerdings weigerten. Es würde ja nicht so schlimm kommen.

Es wurden zu dieser Zeit alle serbischen Frauen und Kinder durch private Busse aus Bosnien hinaus und in größere Städte nach Serbien gebracht, damit diese vor dem sicher sein würden, was später kommen würde. Die Männer blieben zurück, um zu kämpfen. Meine Mutter und mein Vater setzten sich ebenfalls in einen solchen Bus. Reguläre Busse gab es keine mehr. Der Busfahrer ging davon aus, dass meine Eltern Serben wären und mein Vater meine Mutter nur nach Belgrad begleiten und dann wieder zum Kämpfen zurückkommen würde. Auf der Fahrt merkten sie bereits, wie ernst die Lage in Wirklichkeit war: Tausende Panzer, Soldaten, Kanonen kamen ihnen entgegen, die in Richtung Bosnien fuhren. Die Buspassagier:innen jubelten, freuten sich und winkten den Kolonnen zu. Gesprächsthema Nummer eins war, wie schön es nicht ohne die sog. „Balije" werden wird. Bei „Balija" handelt es sich um eine abwertende Bezeichnung für bosnische Moslems oder anders gesagt Bosniaken. Meine Eltern sagten während der zweieinhalbstündigen Busfahrt kein Wort.

In Belgrad am Hauptbahnhof angekommen, änderte sich das Bild nicht. Überall Soldaten. Alles voller Hass. Auf den Plakaten, in den Zeitungen und im Fernsehen nichts als Propaganda. Vom reinen serbischen Blut, von dreckigen Moslems und Kroat:innen und dem Schutz der serbischen Rasse wurde unentwegt gesprochen. Meine Eltern konnten es kaum fassen. Noch vier Monate zuvor wäre das undenkbar gewesen. Freund:innen, Nachbar:innen, Arbeitskolleg:innen wenden sich plötzlich ab, beschimpfen einen, sehen eine junge schwangere Frau als Eindringling, Feindin oder als minderwertiges Wesen. Das mitten in Europa, an einem Ort, der so weit weg von Wien ist wie Bregenz. Zu dieser Zeit dachten sich meine Eltern, dass das alles nur von kurzer Dauer ist, nicht so schlimm werden wird, Europa nicht einfach zuschauen kann. Weit gefehlt.

April 1992 – Belgrad

Die Wohnung, in der mein Vater in Belgrad wohnte, war seit 1973 im Eigentum meines Großvaters. Man konnte nämlich damals im sozialistischen Jugoslawien billig zugeteilte Mietwohnung erwerben. Im März 1992 wurde in diese Wohnung der JNA-Major Bosko, der zuvor in Sarajevo stationiert war, mit seiner Frau Rajka und seinen beiden Kindern einquartiert. Gefragt wurde niemand. Meinem Vater blieb zunächst ein Zimmer mit meiner Mutter. Die Stimmung war extrem angespannt. Durchgehend lief das Radio mit Kriegspropaganda. Immer wieder wurde gemeldet wie erfolgreich die serbische Armee in Bosnien ist. Bei diesen Passagen drehten Bosko und Rajka das Radio ganz besonders laut auf und jubelten. Anfangs stritt mein Vater mit ihnen, bis sich Resignation breitmachte. Meine Mutter schwieg.

Bis Ende April ging mein Vater noch regulär zur Arbeit. Er war Schlosser im Metallkombinat in Belgrad, so auch ein Großteil meiner Verwandten väterlicherseits. Auch dort wurde es immer unerträglicher. Mein Großonkel war damals schon zwanzig Jahre lang Kraftfahrer im Metallkombinat, als plötzlich niemand mehr in den Bus zum Moslem einsteigen wollte. Sie wurden beschimpft und wurden letztendlich nicht mehr zur Arbeit eingeteilt. Ende April kam dann die Mitteilung, sie sollten nicht mehr zur Arbeit erscheinen.

In der Zwischenzeit wurden sieben weitere Personen in die Wohnung einquartiert und es wurde unerträglich. Meine Eltern schilderten mir, dass man niemals wusste, was am nächsten Tag passieren würde. Nur eines war sicher: Es wird schlimmer werden. In Belgrad wurden an den Eingängen aller Wohnblöcke nun offiziell alle muslimischen Bewohner:innen in grüner Schrift ausgeschildert. Auch hier läutete durchgehend das Telefon mit den gewohnten Drohungen in der Nacht. Das Telefon auszustecken war keine Option, weil mein Vater auf Nachrichten von seiner Familie wartete. Deren Zukunft war zu diesem Zeitpunkt noch ungewiss. Niemand wusste, welche Nachrichten wahr und welche falsch sind. Im Krieg stirbt die Wahrheit bekanntlich zuerst.

Mai 1992 – Belgrad
Als hätte es mein Vater gewusst: Ende Mai rief ihn eine Verwandte an und teilte ihm mit, dass seine Mutter, sein Vater und Bruder in das Konzentrationslager Sušica deportiert worden waren und in Šeher kein einziger Moslem mehr lebte. (Später wurde der Kommandeur von Sušica wegen Kriegsverbrechen zu zwanzig Jahren Haft verurteilt.) Von den Tagen danach weiß mein Vater nichts mehr. Ob es Verdrängung ist oder einfach der Unwille, alles durch das Erzählen nochmals zu erleben, weiß ich nicht und ich wollte es auch nicht wissen. Meine Mutter erzählte mir, dass er die drei Tage darauf nur mehr zitterte, nicht aß, nicht schlief und die Nacht durchweinte, sodass der Polster in der Früh durchnässt war. Andauernd dachte er darüber nach, ob er sich gegenüber einem Serben schlecht verhalten hätte und nun seine Familie dafür büßen müsse.

Juni 1992 – Belgrad
In der Wohnung war es mittlerweile unerträglich geworden und meine Eltern waren dort nur mehr zum Schlafen. Untertags war sie Großteils am Bahnhof von Belgrad. Dort ging man in Masse unter und erfuhr Neuigkeiten aus Bosnien. Den Nachrichten konnte man nicht trauen und man hoffte, von den Leuten direkt etwas zu erfahren. Eines Tages im Juni trafen sie am Bahnhof einen Verwandten meines Vaters, Muhamed. Er war damals kurz vor der Pensionierung und wurde ebenfalls von der Arbeit entlassen. Muhamed hoffte ebenfalls auf valide Informationen aus der Heimat. Er war genauso verzweifelt wie mein Vater. Hatte er doch zwei Söhne: Einer arbeitete in Wien, der andere war in Bosnien im Konzentrationslager. Er sah meine Mutter, die mittlerweile im sechsten Monat schwanger war, und riet uns, schnell ins Ausland zu verschwinden. Hier könnte sie mich nicht zur Welt bringen. Sie müssten sich dringend Pässe organisieren.

Sein Sohn aus Wien, Esed, habe ihm erzählt, dass Österreich Leute aufnehmen würde. Ein Problem sei aber, dass auf der ungarischen Grenze „aussortiert" werden würde. Junge Männer würden sie zurückschicken. Er würde aber demnächst selbst mit dem Zug nach Wien fahren und dann genaueres berichten.

Am nächsten Tag beantragten meine Eltern die Pässe, um ausreisen zu können. Meiner Mutter wurde er bewilligt, meinem Vater nicht. Als Grund wurde genannt, dass dieser in die JNA einrücken müsse. Zu diesem Zeitpunkt war die JNA eine rein serbische Armee, die gegen Bosnien Krieg führte. Etwas makaber, meinen Vater gegen seine eigenen Leute kämpfen zu lassen. Ich fragte meinen Vater, ob er jemals in Betracht gezogen hätte, auf der bosnischen Seite zu kämpfen. Er meinte, dass der einzige Grund, warum er es nicht gemacht hat, ich gewesen sei. Es hätte keinen schlechteren Moment geben können, ein Kind zu erwarten. Absolut keine Perspektive für sich selbst oder gar das Kind zu sehen, ist eines der schlimmsten Gefühle, die man haben kann. Man wusste zu dieser Zeit nicht einmal, ob jemand in der Nacht kommen und die Drohungen am Telefon wahrmachen würde.

Wenig später versuchte es mein Vater wieder mit dem Pass. Dieses Mal bei einem Bekannten und angeblichen Freund seines Vaters, der in der Behörde arbeitete. Auch dieser weigerte sich, ihm den Pass zu bewilligen. Wieder der Verweis, dass er an die Front soll. Die Verzweiflung war unendlich. Am Bahnhof sahen sie immer mehr und mehr Männer, die an der ungarischen Grenze aussortiert und ohne ihre Frauen zurückgeschickt wurden.

Als letzte Verzweiflungstat schlug meine Mutter vor, dass er es nochmals probieren soll. Dieses Mal würde sie mitgehen und vielleicht würde der Beamte ja Mitleid haben, wenn er sie gemeinsam sähe. So saßen meine Eltern gemeinsam vor dem älteren Beamten, der darüber entscheiden soll, ob mein Vater nun einen Pass bekommen soll oder nicht. Dabei sah er meine Mutter mit mir im Bauch an. Es dürfte eine gefühlte Ewigkeit gewesen sein. Er atmete dann tief durch und stellte meinem Vater den Pass aus. Er verabschiedete meine Eltern mit den Worten: „Flieht schnell. Hier bringen sie euch und euer Kind um." Dies war am 16. Juni 1992.

Noch am gleichen Tag kaufte mein Vater zwei Tickets nach Beč, wie ihm Muhamed zuvor geraten hat. Er wusste zu dem Zeitpunkt gar nicht, was Wien überhaupt ist. Muhamed fuhr bereits einige Tage zuvor nach Beč. Als alter Mann hatte er an der ungarischen Grenze nichts zu befürchten und konnte in aller Ruhe die Situation beobachten: Die Züge wurden an der Grenze angehalten und alle Personen daraufhin von den serbischen Grenzbeamten und auch vom Militär kontrolliert. Alle jungen Männer mussten den Zug verlassen und wurden in Busse geladen und wieder zurückgebracht. All das erzählte er meinem Vater am Telefon. Nichtsdestotrotz stiegen sie am 17. Juni 1992 um 20:00 Uhr in den Zug nach Wien. Würden sie meinen Vater rausfischen, wären wenigstens meine Mutter und ich in Sicherheit. Er würde zurückbleiben und sich dann alleine durchschlagen.

Vier Stunden dauerte die Fahrt zur ungarischen Grenze. Niemand sprach etwas. Man hörte nur Frauen und Kindern weinen. Um Mitternacht hielt der Zug plötzlich an. Zugabteil um Zugabteil wurden kontrolliert. Junge Männer wurden des Zuges verwiesen und man sah sie draußen in einer Reihe stehen. Man hörte den Beamten näher und näher kommen, bis er zum Abteil meiner Eltern, in dem auch eine Frau mit zwei Kindern saß, kam. Er blieb stehen und sah meine Eltern an. Zunächst meinen Vater, seit April von 85 auf 60 Kilo abgemagert, und dann lange meine schwangere Mutter, die zu weinen begann. Der Beamte sagte weder etwas, noch kontrollierte er. Er ging einfach weiter. Wenig später fuhr der Zug Richtung Wien weiter und mein Vater schlief sofort ein.

Er erzählte mir, dass es sich zwar damals freute, dass wir nun in Sicherheit waren, allerdings kam sofort ein schlechtes Gewissen, seine Mutter, seinen Vater und Bruder im Stich gelassen zu haben. Er wusste in dem Moment nicht einmal, ob sie noch am Leben waren. Erst Wochen später sollte er von Esed erfahren, dass sein Bruder und sein Vater freigekauft wurden. Von seiner Mutter fehlte ein Jahr lang jede Spur.

Sie kamen in Wien am Westbahnhof an und wussten nicht, ob sie den Zug verlassen sollen oder nicht. War Wien Beč? Vom Westbahnhof ging es über Umwege ins Otto-Wagner-Spital, wo sie sich drei Wochen lang aufhielten. Die Kirche organisierte damals Gastfamilien für die Flüchtlinge. Meine Eltern trugen sich in eine Liste ein, ohne zu wissen, wohin und zu wem die Reise ging. Die Reise ging ins Waldviertel, wo ich ein paar Wochen später zur Welt kam. Und bereits passiv Sachen erlebt hatte, von denen ich erst 30 Jahre später im Rahmen dieses Projekts erfahren soll. Die mir helfen, meine Eltern besser zu verstehen.

BOSNIEN UND EUROPA

Mich hat Europa nicht enttäuscht. Für mich ist Europa der Gipfel der menschlichen Zivilisation. Nirgends hat das Individuum mehr Recht als hier. Für mich ist Europa der Inbegriff von Frieden. Ich habe allerdings auch nicht das Leid meiner Eltern ertragen müssen. Sie wurden von Europa im Stich gelassen. Europa hat zugesehen, was in Srebrenica passiert ist, hat zugesehen wie Sarajevo belagert und ca. 70.000 Frauen vergewaltigt wurden. Zwischen 1991 und 1994 waren 3,8 Millionen Menschen am Balkan auf der Flucht bzw. wurden vertrieben. Aus Sicht meiner Eltern interessierte sich Europa nur für sich selbst. Sie lieben Österreich, wie eigentlich die meisten Bosnier:innen, nehmen Groß-Britannien und Frankreich ihre anfangs passive Haltung im Bosnienkrieg allerdings übel.

Durch den Vertrag von Dayton wurde der Krieg im Jahr 1995 zwar formal beendet, in den Köpfen der Menschen wütet er noch weiter. Das Thema Krieg ist allgegenwertig und in keiner Weise aufgearbeitet. Noch immer sieht man die Einschusslöcher in den Häusern. Man fährt an verminten Landstrichen vorbei, die mit furchterregenden Symbolen ausgeschildert sind.

So ähnlich dürfte es auch in den Köpfen der Menschen aussehen. Bosnien ist noch immer ein geteiltes Land: Einerseits gibt es die Republika Srpska, in der Šeher liegt, andererseits die Föderation. Beides klar nach Ethnien getrennt: In der Republika Srpska leben großteils die Serb:innen, in der Föderation die Bosniak:innen und Kroat:innen. Zwei riesige parallellaufende Verwaltungsapparate in einem kleinen armen Land, das politisch gelähmt ist und zu Reformen nicht in der Lage. In Wahlkämpfen gibt es nur ein Thema: die Ethnien. Und die Menschen fallen darauf ein. Die ethnischen Gruppen wählen in der Föderation ihre Parteien, die sich dann in weiterer Folge gegenseitig blockieren und einander den Schwarzen Peter zuschieben. Gleichzeitig spricht der Präsident der Republika Srpska Bosnien die Daseinsberechtigung ab und bestreitet, dass es einen Genozid an den Bosniak:innen gegeben hat.

Dies hat zur Folge, dass immer mehr und mehr junge Menschen das Land in Richtung Europa verlassen, weil sie keine Perspektive in Bosnien haben. Eine jüngst veröffentlichte Studie prophezeit, dass sich die Bevölkerung Bosniens bis 2070 halbieren wird. Es ist dort mittlerweile unmöglich einen Handwerker zu bekommen. Ein:e Fliesenleger:in verdient beispielsweise in Bosnien mehr als ein Arzt oder eine Ärztin.

Es gibt ein bekanntes Lied von Đorđe Balašević mit dem Titel „Krivi smo mi" („Schuld sind wir"), das die Beziehung von Bosnien zu Europa gut beschreibt. Im Refrain singt er

„Putuj Evropo, nemoj više čekati na nas … Nama je lepo, taman kako smo zaslužili." Übersetzt heißt es: „Fahr weiter Europa, warte nicht mehr auf uns … Uns geht es gut, genau so, wie wir es verdient haben." Und Europa fährt weiter ohne Bosnien. Die Republika Srpska steht mittlerweile stark in der Einflusssphäre von Russland und China. Die Föderation hingegen wird mehr und mehr von islamistischen Regimen wie Saudi-Arabien unterwandert. Nirgends auf der Welt gibt es eine derartige Dichte von Moscheen wie in Bosnien. Bosnien, das für seinen liberalen Islam bekannt ist, wird aber mehr und mehr ein Hotspot für den radikalen Islam. Für Europa ist es mittlerweile schon fast eine sicherheitspolitische Frage geworden, in welche Richtung sich Bosnien entwickelt. Die EU darf nicht zusehen, wie Bosnien einerseits eine Filiale von Russland und China wird, andererseits eine Brutstätte für den radikalen Islam. Bosnien war schon immer Teil von Europa und muss es auch bleiben.

Anna Schor-Tschudnowskaja

BILDER

Meine frühe Kindheit war geprägt von Porträts, immer den gleichen Porträts, die überall Innenräume, Straßen und Plätze schmückten. Jeden Tag sah ich sie: im Kindergarten und später in der Schule, in der U-Bahn, beim Arzt in der Polyklinik, beim Einkaufen in vielen Geschäften und einfach an den Fassaden der Häuser. Ich war ein glückliches Kind in einem glücklichen Land, und ich wusste, dass diese Bilder ein Teil von diesem Glück sind. Ja, wenn ich an meine frühe Kindheit denke, erinnere ich mich vor allem an das Gefühl, in dem besten aller nur möglichen Staaten geboren worden zu sein, beschämt darüber, warum gerade ich auserwählt war, in dieser glücklichsten aller Welten leben zu dürfen.

Dieses Gefühl der Überlegenheit hallte wie ein Echo der sowjetischen Ideologie in der Seele des Kindes nach: Wir sind auserwählt! Jeder Zweifel daran wurde auf unterschiedliche Art und Weise sanktioniert. In einem während des „Tauwetters" (Ende der 1950er bis Anfang der 1960er Jahre) entstandenen Spielfilm für Kinder, einer Komödie, die zugleich, wie die meisten Werke talentierter Künstler:innen in der Sowjetunion, eine verkappte gesellschaftliche Satire war, sagte der Anführer einer Piratenbande, der die Welt glücklich machen wollte: „Und wenn jemand sich weigert, glücklich zu sein, dem zeige ich, wo es lang geht, der kann und wird etwas erleben!" Wie wir darüber gelacht haben!

Wenn ich heute alte Fotos ansehe, sehe ich diese Porträts wieder: meine Kindergartengruppe, versammelt vor einem Leninporträt zum Fotografieren; ein fröhlicher Spaziergang am 1. Mai, im Hintergrund ein riesiges Leninporträt, das fast die ganze Fassade eines Wohnhauses bedeckt; Lenin als junger Knabe auf meinem Abzeichen, welches ich täglich in der Schule tragen musste. Als kleines Kind fand ich die Allgegenwärtigkeit der Leninbilder und -statuen alles andere als lästig, die Beständigkeit von Lenin in der Welt, in die ich gekommen war, verlieh mir das Gefühl der Ordnung, und dieses war zugleich eines der frühesten Versprechen, die ich bekommen habe: Meine Welt baut auf einer sicheren, gut durchdachten, mit den besten menschlichen Motiven und in der Geschichte bewährten Ideen begründeten Ordnung auf, sie kann nicht untergehen. Das Lenin-Gesicht lächelte mich an jeder Ecke an und schenkte mir Zuversicht gegenüber der Welt der Erwachsenen. Nicht nur ich, ein Kind, sondern alle Erwachsenen um mich herum, loyal wie oppositionell dem damals herrschenden sowjetischen Regime gegenüber gesinnt, wie ich heute weiß, konnten sich damals nicht vorstellen, dass es von selbst verschwinden könnte. Das war Anfang der 1980er Jahre, bis zur „Perestroika" (russ.: Umbau; steht für umfassende Lockerung des politischen Regimes und ein Reformierungsprogramm der Planwirtschaft) von Michail Gorbatschow blieben einige wenige Jahre, bis zur Auflösung der Sowjetunion nicht einmal ein Jahrzehnt. Von dieser frühen Kindheit erbte ich für immer die Einsicht, wie leicht man sich täuschen bzw. täuschen lassen kann.

Was aber ebenfalls als Erbe jener versunkenen Welt blieb, ist die Einsicht in die Zerbrechlichkeit und Wandelbarkeit einer jeden Gesellschaft: Jede soziale Ordnung ist ein Experiment mit einem ungewissen Ausgang. Ich vermute, dass soziale Ordnungen sich umso länger halten, je stärker die darin lebenden Menschen von ihren normativen Grundlagen wirklich überzeugt sind. Aber bis heute interessiert mich ebenfalls die Wirkung von leeren Phrasen, Heuchelei, Zynismus und Fiktionen, die aufdringlich sichtbar eingesetzt werden, – wie sehr sind sie imstande, nicht nur die Stabilität einer sozialen Ordnung vorzutäuschen, sondern tatsächlich dazu beizutragen? Der konstitutive Charakter von Täuschungen und Fiktionen ist wenigstens ansatzweise für totalitäre und autoritäre Gesellschaften erforscht, wie steht es aber damit in den demokratischen Gesellschaften?

ERLEBNISSE

Die Explosion des Reaktorblocks im Atomkraftwert Tschernobyl in der Nacht auf den 26. April 1986 veränderte mein Leben zur Gänze. Ich wurde aus meiner Geburtsstadt evakuiert, kehrte nie mehr wieder in meine Wohnung, in meine Schule, zu meinen Freundinnen zurück. Und das Land befand sich ab jetzt politisch wie wirtschaftlich nur noch im freien Fall.

Eine eigenartige Mischung aus Traum, Illusion, Utopie, Betrug und Lügen bildete das politische und kulturelle Fundament der sowjetischen Gesellschaft von ihren ersten Tagen an und bis zu ihrem Ende. In diesem Kontext ist die politische Bedeutung der Reaktorhavarie im Atomkraftwerk Tschernobyl nicht zu unterschätzen: Die physikalischen Prozesse konnten plötzlich den politischen jenen Widerstand leisten, an den die sowjetische Führung gar nicht gewohnt war. Sie reagierte auf den atomaren Unfall zunächst mit dem üblichen Verschweigen und wollte so tun, als wäre nichts Besonderes passiert, die Menschen in den von Radioaktivität stark betroffenen Städten sollten ihr gewohntes Leben fortsetzen. Und nur weil die vom Wind Richtung Westen getriebenen radioaktiven Wolken sich nicht den Wünschen der sowjetischen Führung beugten und nicht vor dem „Eisernen Vorhang“ an der Staatsgrenze anhielten, musste man wenigstens Teile der Wahrheit preisgeben. Das tradierte sowjetische Prinzip der Manipulation der Realität versagte öffentlich, nicht nur sichtbar für die eigene Bevölkerung, sondern auch für viele Menschen in anderen europäischen Ländern. Bis heute gehe ich davon aus, dass Tschernobyl ein entscheidender Faktor in der Entwicklung von Perestroika und Glasnost (russ. für „Transparenz“) war, d.h. im Kampf für die Legalisierung einer achtungsvolleren Einstellung zu den Fakten und für die Praxis, die Tatsachen beim Namen zu nennen. Auch stellte diese Explosion jene Zündung dar, die die Veränderung von politischen Grenzen in Ost- und Mitteleuropa in Gang brachte, mit der niemand so schnell rechnete.

Die Perestroika ist interessant als Periode radikaler Erschütterungen und Veränderungen und wegen der daraus entstehenden, explosionsartig anwachsenden politischen Aktivität in fast allen Bereichen der sowjetischen Gesellschaft, doch sie ist auch bemerkenswert für all jenes, was sie nicht ändern konnte. Mit den Jahren werden ihre Fehler und Schwächen sogar immer relevanter. Zum Verständnis der Spezifika der postsowjetischen Gesellschaften und ihrer politischen Entwicklung seit 1991 – und die russische betrifft das im Besonderen – ist es nützlich zu verstehen, welche sozialen Grundlagen und Prinzipien der gesellschaftlichen Mentalität sich damals gegenüber der Welle an Veränderungen am resistentesten erwiesen, überhaupt unverändert blieben oder sich nur unbedeutend bzw. oberflächlich gewandelt haben –

und warum. Die Grenzen der möglichen politischen Umgestaltungen in der Epoche der Perestroika bestimmen bis heute das Profil von Gesellschaft und Staat im postsowjetischen Russland. Auch der im Februar 2022 begonnene Großangriff von Russland auf die Ukraine hat seine Wurzeln in der damaligen Zeit.

Mitten in der Perestroika aufwachsend fand ich es berauschend, dass denkbar alles, was man sich nicht anders vorstellen konnte, plötzlich anders möglich wurde. Im Nachhinein denke ich, dass der Versuch der Gesellschaft und der politischen Führung eines Landes, die gesamten Beziehungen zur Realität mit einem Mal ganz neu zu gestalten, paradox war. Kein Wunder, dass auch dieses gesellschaftliche Experiment außer Kontrolle geriet und ganz andere Ergebnisse zeigte, als intendiert gewesen waren: Die Erneuerung der Sowjetunion endete mit ihrer Auflösung im Dezember 1991, die Demokratisierungswelle, wie man heute rückblickend zusammenfassen kann, scheiterte, zumindest für die meisten Nachfolgestaaten der fünfzehn ehemaligen Sowjetrepubliken. Vielleicht ist aber noch zu wenig Zeit vergangen, um endgültig über die Wirkung der Perestroika zu urteilen.

GESCHICHTE

1990 wurde in der Sowjetunion, die noch knapp ein Jahr zu existieren hatte, eine bemerkenswerte Befragung durchgeführt: Man wollte wissen, was die Befragten von der Zukunft des politischen Erinnerns halten. Es war jene unglaubliche, kurze Zeit, als viele Archive geöffnet wurden, Medien unzensuriert arbeiten, viele Opfergruppen sich zu Wort melden und viele Überlebende der staatlichen Repressalien in der UdSSR berichten durften. Die Soziolog:innen haben nun an die Bevölkerung die Frage gerichtet, welche Bedeutung die

Figur von Josef Stalin für die „Völker der UdSSR" (deren Zerfall noch niemand voraussehen konnte) in zehn Jahren haben werde. Nur 10 % der Befragten waren damals der Meinung, dass man sich in zehn Jahren noch an Stalin erinnern werde; 70 % gingen hingegen davon aus, dass Stalin vergessen sein oder jedenfalls keine Bedeutung im kollektiven Gedächtnis der Gesellschaft haben werde. Die Figur Stalins schien uninteressant und keines öffentlichen Gedenkens wert zu sein! So gut wie niemand war daran interessiert zu verstehen, wie es zu den Millionen von Opfern durch das sowjetische Regime hatte kommen können. Die Ergebnisse dieser Befragung finde ich bis heute erstaunlich. Heute wird die Figur Stalins in Russland eher glorifiziert, sie ist alles andere als vergessen; in ganz Russland sind mittlerweile mehr als hundert Denkmäler und Gedenktafeln Stalin gewidmet. Und das spezifische Desinteresse an der eigenen Geschichte ist geblieben: Die Opfer in der eigenen Bevölkerung, ja in den eigenen Familien werden hingenommen, die wahren Ursachen (und Täter) will so gut wie niemand kennen.

Der russische Philosoph Michail Gefter nannte den Stalinismus „eine der größten und durch seine Rätselhaftigkeit schrecklichsten Erscheinungen des 20. Jahrhunderts".[17] Nicht nur Stalins Regime mit seiner besonderen Grausamkeit und das in der Bevölkerung weit verbreitete Denunziantentum, sondern auch das von Zeitzeug:innen betonte seltsame Gefühl eines humanistischen Taumels oder eines schöpferischen Aufschwungs haben dieser Epoche diese „schreckliche Rätselhaftigkeit" verliehen. Eben das ist das Besondere: Dass die Euphorie des Aufbaus einer neuen, freien, gerechten und glücklichen Gesellschaft sich mit einer unglaublichen Brutali-

17 Gefter, Michail (2003). Stalinizm: većnoe vozvraščenie [Stalinismus: die ewige Wiederkehr]. In Russkij žurnal, 03.02.2003. Online-Publikation. http://old.russ.ru/politics/20030303-gef.html (Stand 10.10.2023). Übersetzung aus dem Russischen von der Autorin.

tät und der Ermordung von Millionen verbinden ließ. Wie stolz war man auf die eigene Zukunft im Lichte der Humanität, wie sehr war man der Idee ihres Aufbaus ergeben, wie groß waren Begeisterung und freudiger kameradschaftlicher Verbund im gemeinsamen Handeln, wie viele rührende Gefühle brachte man den Werten der Gleichheit und Solidarität entgegen – und doch war gerade die geistige, die menschliche Situation in der sowjetischen totalitären Gesellschaft eine der schlimmsten sozialen Katastrophen des 20. Jahrhunderts. Auch die russische Literatur (Warlam Schalamow, Jewgenija Ginsburg, Jurij Dombrowskij, Lydia Tschukowskaja, Wiktor Kawerin, Alexander Solschenizyn u.a.) lieferte verblüffende Zeugnisse davon, wie man einander verfluchte und hetzte, wie gefoltert und denunziert wurde, wie Entmenschlichung, Vernichtung, Erniedrigung, Schweigen, Lügen in ganz gewöhnlichen Alltagsbereichen, in Ämtern, Universitäten, Verlagen, Schulen, in den Küchen der Gemeinschaftswohnungen abliefen. Alles das blendet die postsowjetische russländische Gesellschaft bis heute weitgehend aus, und auch im gesamteuropäischen Diskurs ist es nach wie vor ein Marginalthema.

Jahrelang habe ich zum Erinnern an den Staatsterror in der Sowjetunion gearbeitet und ertappe mich heute bei der Befürchtung, dass sich währenddessen so viele weitere staatliche Verbrechen in Russland ereignet haben, dass ihre Aufarbeitung viele Jahrzehnte in Anspruch nehmen müsste, wenn sie überhaupt noch möglich sein wird.

PERSÖNLICHKEITEN

Denkende Menschen haben mich immer fasziniert. Denkende Menschen haben nicht unbedingt etwas mit Diplomen, Ämtern, Status oder Karriere zu tun. Man kann sie überall finden, und obwohl sie eher eine seltenere Spezies sind, sie sind immer ein Lichtblick, stiften Zuversicht und Hoffnung. Ich bin vielen denkenden Menschen begegnet und für jede solche Begegnung unendlich dankbar. Mit vielen von ihnen führe ich bis heute einen inneren Dialog, selbst wenn unsere persönliche Begegnung nur kurz war.

Besonders beeinflusst haben mich immer Menschen, die versucht haben, etwas zu verändern, selbst wenn ihre Sache aussichtslos zu sein schien. Immer wieder habe ich erlebt, wie viel Mut es braucht, etwas auszusprechen, vorzuschlagen, selbst zu initiieren, wenn alles dagegen spricht, wenn die Überzeugungsarbeit erst bevorsteht und ihr Erfolg eher ungewiss ist. Eines der schlimmsten Wörter finde ich „Opportunismus", der in seinen Auswirkungen zwar unterschiedlich gewaltsam sein kann, aber immer Gewalt bedeutet: Die (vor)herrschenden Verhältnisse schreiben etwas vor und fordern Gehorsam, das heißt die Kapitulation des Denkens. Bis heute versuche ich zu verstehen: Wann sind Menschen in der Lage, gegen den Strom und damit auch gegen die eigene Verzweiflung zu denken und zu handeln? Wer sind solche Menschen? Was braucht es, damit es sie immer gibt? In diesem Zusammenhang haben mich die Thesen von Hannah Arendt sehr beeinflusst, ihre Überzeugung, dass es in politischen und moralischen Angelegenheiten so etwas wie Gehorsam nicht gibt, dass Gehorsam bei Erwachsenen immer aktive Unterstützung heißt.

2008 gab ich gemeinsam mit Martin Malek das Buch „Europa im Tschetschenienkrieg. Zwischen politischer Ohnmacht und Gleichgültigkeit" heraus. Ein angesehenes Autor:innenteam war sich darüber einig, dass die Gleichgültigkeit gegenüber diesem blutigen Krieg am Rande Europas ein Indikator für den besorgniserregenden Zustand des politischen Denkens und Handelns im gegenwärtigen Europa ist. Mehr noch: Das Vorgehen der russischen Armee in Tschetschenien sei ein Lackmustest für die Wahrhaftigkeit und Glaubwürdigkeit der Demokratie in Europa, schrieb damals der bekannte polnische Germanist und Philosoph Karol Sauerland in seinem Beitrag zu diesem Buch.

Einen großen Einfluss übten auf mich Berichte der russischen Journalistin Anna Politkowskaja aus. Sie begab sich in ihrer Arbeit in eine Zone der Grausamkeit, ja des unerträglichen und auch unfassbaren Bösen, wohin ihr viele Leser:innen in Russland wie in anderen Ländern nicht folgen wollten. Von der chaotischen und grausamen Kriegsführung des russischen Staates wollten Menschen nichts hören, den wenigen Meldungen darüber wurde nicht geglaubt. Während der Krieg in Tschetschenien von Jahr zu Jahr weiterging und mehrere Zehntausend Opfer forderte, rief die Arbeit von Politkowskaja lediglich verschiedene ablehnende Reaktionen – Unverständnis, Empörung, spöttische Verachtung und Wut – hervor. Als wir an unserem Buch gearbeitet haben, war Politkowskaja bereits ermordet, in Moskau im Fahrstuhl ihres Wohnhauses erschossen. Aber wir hielten wie sie – wiewohl mit zunehmender Verzweiflung – an dem Gauben fest, dass das Interesse der Öffentlichkeit die Vorbedingung für Widerstand gegen das unfassbare Böse in Tschetschenien sei – und weiteren Kriegen vorbeugen könnte! Diese Vorbedingung steht wohl nach wie vor auf der Agenda, denn aktuell vernichtet dieselbe Armee, zum Teil unter der Führung von denselben Generälen, die Bevölkerung in der Ukraine. Dieser Krieg forderte bereits mehr Opfer als die beiden Tschetschenienkriege, bedeutete für Millionen von Menschen Flucht und Verlust des friedlichen Lebens. Und wir können uns heute nicht des Eindruckes erwehren, dass wir damals zu wenig getan haben, dass wir es hätten verhindern sollen.

Ich möchte im zukünftigen Europa arbeitslos werden. Seit dreißig Jahren analysiere ich Gewalt und Kriege am osteuropäischen Rand und wie diesen hilflos begegnet wird – und wie sie nicht verhindert werden, obwohl es möglich gewesen wäre. Vor einigen Jahren hat ein russischer Politiker (aktuell Abgeordneter der russischen Staatsduma) in meiner Gegenwart den europäischen Politiker:innen mit viel Spott und Selbstgefälligkeit im Gesicht erklärt, worin die Beziehungen zwischen EU und Russland bestünden: „Wir verkaufen euch Gas fürs Schweigen". Es gab kaum gute Argumente, mit denen die europäischen Politiker:innen, zumindest in meiner Gegenwart, dies erwidern konnten. In den Jahren vor diesem Gespräch wie auch in den Jahren danach hatte ich damit zu tun, Gewalt und ihre Opfer zu dokumentieren und zu analysieren, die aus dieser bitteren Beziehungsformel resultierten. Das will ich nicht mehr. Ich will ein Europa, in dem solche Worte unmöglich sind. Ich will nicht, dass mit billigem Gas und Öl Kriege finanziert werden, – und dies den Menschen, die ihre Wohnungen und Häuser damit heizen, nicht einmal bewusst wird. Derzeit ist meine wichtigste Vision – Frieden. Und daher möchte ich, dass damit bewusster und behutsamer umgegangen wird. Dies, so meine These, ist nur möglich, wenn man bewusster und behutsamer mit dem eigenen Wertefundament umgeht, dieses nicht profaniert, sich nicht korrumpieren lässt und nicht für billige Energieressourcen verkauft.

Tatsächlich ist heute kaum noch zu übersehen, dass die eigentliche Konfrontation, die das Regime von Wladimir Putin mit welchem auch immer gearteten „Westen" führt, die Konfrontation zwischen dem Gebot der Willkür des Stärkeren einerseits und dem Gebot der Kritik andererseits ist, weil die Kritik die Willkür immer begrenzt. Die russische Staatselite und die zahlreichen sie bedienenden Intellektuellen (auch europäische!) behaupten, dass die russische antiwestliche Haltung gegen zahlreiche westliche Fiktionen gerichtet sei – gegen den ganz und gar verlogenen, sich selbst und die anderen belügenden Westen. Sie beharren darauf, dass „Freiheit", „Demokratie", „Moral", „Rechtsstaat" nichts anderes als Fiktionen, „fakes" und hinterhältige Herrschaftstechnologien sind. Und die größte Fiktion, so die russischen Staatseliten, sei die Überzeugung, dass Menschen politische Freiheit haben wollen. Diese Eliten haben sich zum Ziel gesetzt, die von ihnen als pure Fiktion behauptete Freiheit der zwischenmenschlichen Welt zu entlarven. Ich will, dass sie dieses Ziel nie erreichen und bei dieser Konfrontation die Verlierer:innen sind.

ZUKUNFT

Ich bin eine Grenzgängerin, die ansässige Normen und Werte besonders reflexiv betrachtet, weil sie immer schon fremd sind – entweder als neue, unbekannte, oder als veraltete, obsolet gewordene, oder als solche, die schwer zu halten sind. Die Wirkung und Wirkungslosigkeit von Werten in politischen Prozessen beobachte ich mit besonderer Aufmerksamkeit, weil ich davon ausgehe, dass sie den politischen Freiheiten zu Grunde liegen bzw. dafür sorgen können, dass es diese Freiheiten nicht gibt. Ich glaube, dass die größte Herausforderung für Europa sein wird, die aufrichtige Überzeugung von dem Wert der Freiheit zu behalten.

Wir leben heute in Europa in einer historisch nie dagewesenen sozialen Vielfältigkeit, Offenheit und Ambivalenz. Immer weniger Fragen innerhalb der gesellschaftlichen Diskurse können als Ordnungsprobleme mit eindeutigen Lösungen behandelt werden, sondern nur als uneindeutige und daher mit Risiko verbundene Probleme, für die es keine sicheren Lösungen gibt. Überhaupt befinden wir uns in einer interessanten Umbruchphase, in der gerade vor unseren Augen ganz neue Ordnungsbegriffe als solche entstehen. Auch Raum und Zeit werden durch Digitalisierung, neue Transport- und Kommunikationstechnologien, aber vor allem die virtuellen Erfahrungswelten neu erlebt. Nicht so sehr Konstanz, Vorhersagbarkeit und Stabilität, sondern Wandel, Unübersichtlichkeit und Bewegung gehören heute zu den Merkmalen einer Ordnung: Die Dinge sind in Ordnung, wenn sie sich verändern und nicht in einer Eindeutigkeit erstarren.

Die Erfahrung der letzten Jahrhunderte lehrt unmissverständlich: Eindeutiges Wissen und eindeutige Ordnungsvorstellungen bergen die Gefahr von Machtmissbrauch. Ein gesundes Maß an Werte-Pluralismus sorgt für demokratischere Machtverhältnisse, idealerweise für mehr Freiheit und mehr Handlungsspielraum. Die Paradoxie besteht jedoch darin, dass, wenn man das Maß verliert, eine übertriebene – totale – Absage an sicheres und eindeutiges Wissen bzw. an konkrete Wertevorstellungen den Handlungsspielraum der Menschen wieder einschränkt. Denn mit dieser Absage etabliert sich die Vorstellung, dass es auch keine demokratisch verfasste Macht gibt. Daher sind z.B. nach dem bekannten Politikwissenschaftler Ivan Krastev die neuartigen Vorstellungen von der Unmöglichkeit einer Wahrheit, einer Objektivität und eines Faktums sogar viel gefährlicher als herkömmliche Ideologien: Letztere ließen immerhin Raum für Ideologiekritik und Dissidententum. Die neuartige Willkür entmachtet jedoch die Kritik wie auch die politische und öffentliche Dissens an sich, womit demokratische Politik ad absurdum geführt bzw. unglaubwürdig gemacht werden kann.

Vielleicht wäre es für die Zukunft des demokratischen Europas vorteilhaft, die Demokratie als etwas zu begreifen, das nicht einmal für immer erreicht ist, sondern permanent zu erreichen ist. Es gibt keine Demokratie, es gibt nur eine Demokratisierung, es gibt keinen Frieden im Sinne einer stabilen Ordnung, es gibt nur eine ständige Bemühung um Frieden – mit ständig offenem Ergebnis, aber vielen Zwischenergebnissen, die als sichere Handlungsgrundlage fungieren können. Es ist die Hauptsache, das Augenmaß nicht zu verlieren, womit auch gemeint ist: das Bewusstsein des eigenen Wertefundaments wachsam halten.

Timothy Smolka

BILDER

Im März 1943, ich war damals viereinhalb Jahre alt, verließen mein damals siebenjähriger Bruder Thomas und ich, ohne die Begleitung unserer Eltern, den New Yorker Hafen Richtung Lissabon. Von dort ging es per Wasserflugzeug weiter nach Schottland und anschließend mit dem Zug nach London zu unseren Eltern. An die Hinfahrt von London nach New York habe ich keinerlei Erinnerung, dafür war ich mit 20 Monaten zu klein. Viele Details der Rückreise in ein zerbombtes London bleiben jedoch unvergessen.

Bilder meiner Kindheit und Jugend, die sich mir bleibend eingeprägt haben, sind in großer Mehrheit Bilder im Zusammenhang mit der Flucht eines jungen Juden, dem es schließlich gelungen ist, der nationalsozialistischen Vernichtungsmaschinerie zu entkommen.

Für Visionen eines vereinten Europa, wie wir es heute kennen, reichte damals unsere Fantasie nicht aus. Europa war ein Schlacht- und Trümmerfeld, in weitesten Teilen verseucht von totalitärem Gedankengut, und Jüdinnen und Juden hatten immer weniger Möglichkeiten, sich in Sicherheit zu bringen. Dank der Weitsicht meiner Eltern, Lotty und Peter, ist uns das gelungen: Sie spürten bereits 1933, als Hitler in Deutschland an die Macht gekommen war, die Gefahr auch für Österreich und übersiedelten nach London. Ich kam dort im Oktober 1938 zur Welt, zweieinhalb Jahre nach meinem Bruder Tommy.

Nachdem 1940 die Lage in London durch die andauernden und intensiven deutschen Bombardements („The London Blitz") immer bedrohlicher wurde, entschieden meine Eltern, Tommy und mich in die USA zu schicken, um uns in Sicherheit zu bringen. Wir wohnten in New York bei einer begüterten Pflegefamilie, die uns liebevoll umsorgte. Aber als mein Bruder von immer stärker werdendem Heimweh erfasst wurde und unter der Trennung von unseren Eltern litt, beschlossen diese, uns nach England zurückzuholen. 1943 waren die Bombenangriffe der Deutschen auf London bereits weitgehend erlahmt.

Weitere unvergessliche Bilder meiner Kindheit markieren das Ende des Zweiten Weltkriegs, auch wenn mir das damals als Siebeneinhalbjähriger nicht in seiner ganzen Bedeutung bewusst sein konnte. Am 7. Mai 1945 schlichen Tommy und ich uns aus dem Haus in Hampstead, London N.W.3, das wir mit unseren Eltern bewohnten. Diese waren bereits schlafen gegangen, doch uns zog es zu den Siegesfeiern, bei denen unübersehbare Menschenmengen auf den Straßen feierten, tanzten und sangen, um das Ende des kriegerischen Albtraums zu feiern. Es war ein schwer in Mitleidenschaft gezogenes London, zahllose zerbombte Häuser bildeten die Kulisse der ausgelassenen Feierlichkeiten. Solche Feiern und die ihnen zugrunde liegenden Anlässe, so wissen wir heute, waren einer der Ausgangspunkte für das vereinte Europa unserer Tage.

Unauslöschlich im Gedächtnis bleibt für mich auch mein erster Besuch im Konzentrations- und Vernichtungslager Auschwitz im Jahr 1955. Damals 17-jährig fuhr ich mit einer Jugendgruppe von Wien aus nach Krakau und Warschau, und von dort mit dem Bus nach Auschwitz. Zehn Jahre nach Kriegsende war Auschwitz noch keine Gedenkstätte, sondern es stand so da, wie die Deutschen es im Jänner 1945 angesichts der heranrückenden Roten Armee zurückgelassen hatten. Die optisch an Schotter erinnernden kleinen Gebilde, die überall den Boden bedeckten, waren allerdings kein Kies, sondern Knochensplitter von Ermordeten. Ich war natürlich schockiert und überwältigt und habe, wieder nach Wien zurückgekehrt, meine Erlebnisse meinen Schulkollegen erzählt – interessiert hat es keinen einzigen.

Was diese Bilder gemeinsam haben: Wir sind gefordert, alles zu tun, damit in Europa künftigen Generationen solche Eindrücke erspart bleiben.

ERLEBNISSE

Von den zahllosen Erlebnissen, auch solchen mit Europa-Bezug, die ein 85-jähriges Leben mit sich bringt, möchte ich im Folgenden zwei hervorheben, weil sie mir exemplarisch erscheinen.

1969, ein Jahr nachdem die Panzer der Warschauer-Pakt-Truppen den „Prager Frühling" in eine politische und gesellschaftliche Eiszeit verwandelt hatten, reiste ich mit meiner Frau Franziska von Wien nach Prag, um meine Tante zu besuchen. Wir waren jung, ich Mitte 20, und seit einem Jahr verheiratet. Die Grenzformalitäten waren mehr als nur lästig: Wir wurden durchsucht, und mussten für jeden Tag, den wir in der damaligen Tschechoslowakei verbringen würden, eine bestimmte Geldsumme wechseln – unnötiger Weise, weil meine Tante uns ausreichend Geld zur Verfügung stellte. Während der zermürbenden Wartezeit an der Grenze kamen wir mit einem anderen Autofahrer ins Gespräch, der diese Grenze sehr häufig überquerte, und der uns mit den dabei zu beachtenden Gebräuchen vertraut machte: Er habe stets eine größere Menge Pornohefte mit dabei, die von den Grenzsoldaten jedes Mal leicht entdeckt werden konnten und konfisziert wurden. Anders konnten sie nicht in den Besitz der begehrten Ware kommen. Als Gegenleistung haben sie ihn in Ruhe gelassen und von weiteren Inspektionen seines Autos und der mitgeführten Produkte Abstand genommen.

Solche Szenen, und natürlich gab es auch weitaus gravierendere und auch bedrohlichere, veranschaulichen im Kleinen eine geopolitische Situation in Europa, die heute kaum noch vorstellbar ist und für jüngere Menschen recht unverständlich sein muss. Vom kleinen Österreich aus war man beim Grenzübergang in zwei benachbarte kommunistische Diktaturen, Ungarn und der Tschechoslowakei, Schikanen wie den beschriebenen ausgesetzt. Aber auch die Formalitäten beim Reisen nach Deutschland, Italien oder die Schweiz waren kein reines Vergnügen: Passkontrollen, Zollkontrollen und Währungswechsel – zur Erinnerung: von Schilling in Lire, D-Mark oder Schweizerfranken – waren zeitraubend und lästig. Und wenn man beim Schmuggeln von Alkoholika oder Nahrungsmitteln ertappt wurde, war das auch empfindlich teuer.

Heute hingegen: Es besteht Reisefreiheit. Man kann sich über diese Grenzen – und viele weitere in Europa – hinweg frei und ohne schikanöse Kontrollen und Auflagen bewegen, man kann in vielen Ländern arbeiten und studieren, erspart sich das lästige Geldwechseln,. findet in den Geschäftsregalen Produkte aus aller Welt, usw. Wer hätte sich solche Entwicklungen noch vor einigen Jahrzehnten träumen lassen? Ich habe beides erlebt, die Vergangenheit und die Gegenwart, und ich kann vergleichen.

Aber noch ein Wort in eigener Sache als Jude: Mit der Liberalisierung und Modernisierung Österreichs in den Jahrzehnten nach dem Zweiten Weltkrieg ging bekanntlich leider nicht immer ein Abbau von Rassismus und Antisemitismus einher. Ich hatte nach meiner Rückkehr aus London in keiner Schulklasse das Gefühl, dazuzugehören. Mein Bruder und ich waren die einzigen jüdischen Schüler in der jeweiligen Klasse, wir fühlten uns allein. Einige Lehrer:innen und Schulkolleg:innen waren offen antisemitisch. Aus London kannte ich so etwas nicht, dort war mir nicht einmal bewusst, dass wir Juden waren.

Auch auf der Medizinischen Fakultät war der Antisemitismus deutlich zu spüren, manchmal offen, manchmal verdeckt. Der bekannte Gerichtsmediziner Leopold Breitenecker erklärte damals zum Beispiel, dass das Vergasen die humanste Art des Tötens sein. In so einem Klima mussten Jüdinnen und Juden damals leben. Es gab meines Erachtens seither beim Thema Antisemitismus keinen großen Umbruch, aber doch viele kleine Schritte in die richtige Richtung.

Ich erwarte von Europa, dass es nicht nur Freiheiten einführt und absichert, sondern auch ein engagiertes Vorgehen gegen Fremdenhass und Rassismus.

GESCHICHTE

Ich war niemals Nationalist und konnte das auch niemals sein. Schon aufgrund meiner Familie mit ihren zahllosen Herkünften aus mehreren Ländern, aufgrund der Epoche, in die ich hineingeboren wurde, und aufgrund meiner Kindheit in England und den USA, bevor wir 1946 nach Wien zurückkehrten.

Es wurde mir auch bewusst, dass Jüdinnen und Juden in Nationalstaaten keinen Platz hatten, und dass ihnen auch Assimilation nichts brachte, zumindest nicht auf Dauer. Das hat vielen Jüdinnen und Juden bereits der „Ständestaat" zwischen 1933/34 und 1938 überdeutlich bewusst gemacht, noch bevor der entfesselte Nationalismus nationalsozialistischer Prägung über sie hereinbrach.

An dieser Stelle und in diesem Zusammenhang möchte ich für die Habsburger Monarchie eine Lanze brechen. Ohne deshalb Monarchist oder Nostalgiker zu sein, auch nicht aus persönlichem Erleben, sondern aus historischen Gründen. Die Monarchie, damals von den Nationalisten mit dem Kampfbegriff „Völkerkerker" verunglimpft, taugt durchaus als Vorbild für eine moderne Europäische Union: Sie war multiethnisch, vielsprachig, wurde von einem qualifizierten Beamtenapparat zentral verwaltet, und sie ließ regionale Autonomie zu. Die Monarchie war ein transnationales Gebilde, und trotzdem ein gemeinsamer Wirtschaftsraum mit einheitlicher Währung. Sie stellte ihren Regionen und deren Bewohner:innen Ressourcen zur Verfügung – von einer Armee über Verkehrsmittel und die Verwaltung bis hin zu einem Gesundheitswesen und zu Bildungsinstitutionen – die diese häufig aus eigenen Mitteln nicht hätten aufbieten können. Ein taugliches Modell für die EU wie gesagt, weshalb wir aus den Umständen lernen sollten, die 1918 zu ihrem Untergang geführt haben: Dem Nationalismus, der im 19. Jahrhundert zu einer Massenbewegung geworden war und im Vielvölkerstaat eine enorme Sprengkraft entwickeln konnte.

Zudem war die Monarchie, lange Zeit alles andere als ein idealer Aufenthaltsort für Jüdinnen und Juden, in ihren späten Phasen religiös tolerant. 1867 wurde die Emanzipation der Jüdinnen und Juden im Habsburgerreich vollendet. Durch die so genannte Dezemberverfassung wurde ihnen erstmals in ganz Österreich der ungehinderte Aufenthalt und die Religionsausübung zugestanden. Die Monarchie bot den Jüdinnen und Juden Schutz.

Habsburger und Juden hatten einen gemeinsamen Gegner: den Nationalismus.

Der Zerfall der Donaumonarchie 1918 brachte zahlreiche kleine Nationalstaaten hervor, die anschließend wenig Glück hatten: Alleine konnten sie sich nicht behaupten und schließlich wurden sie eine leichte Beute für Faschismus, Nationalsozialismus und Stalinismus.

Unter lernbereiten Menschen setzte sich spätestens nach dem Zweiten Weltkrieg die Überzeugung durch: Der Nationalismus muss überwunden werden. Später kam dazu die Einsicht, dass Nationalstaaten in einer globalisierten Welt ihre Gestaltungsmöglichkeiten verlieren, weil kaum etwas von politischer oder ökonomischer Bedeutung souverän innerhalb ihrer Grenzen entschieden und praktiziert werden kann. Nationalstaaten sind historisch, politisch und ökonomisch überholt – leider haben das viele noch nicht begriffen.

Jüdinnen und Juden zogen aus der Erfahrung, dass ihnen die Nationalstaaten nach dem Ende der Monarchie keinen Schutz geboten hatten, eine eigene Konsequenz: Die Gründung des Staates Israel 1948. Nur ein starker, selbstbewusster und militärisch gerüstetes „Judenstaat“ würde seinen Bewohnern ausreichend Sicherheit bieten können.

Die Schlussfolgerung aus all dem: Wir brauchen eine starke Europäische Union, die nationalistischen und antidemokratischen Tendenzen von Mitgliedsländern rechtzeitig einen Riegel vorschiebt. Nationalismus und Illiberalität, die zum Ende der Habsburger-Monarchie und zu zwei Weltkriegen geführt haben, dürfen in der EU nie wieder ihre zerstörerischen Kräfte entfalten.

PERSÖNLICHKEITEN

Richard Coudenhove-Kalergi

Dem 1894 in Tokyo geborenen Gründer der Paneuropa-Bewegung, Richard Coudenhove-Kalergi, bin ich in gewisser Weise auch familiär verbunden: Meine Eltern hatten sich bei einer von ihm organisierten Urlaubsfahrt kennen gelernt. Mein Vater hat eng mit dem Wegbereiter eines Vereinten Europa zusammengearbeitet und bei der Gründung der paneuropäischen Jugendbewegung mitgewirkt.

Coudenhove-Kalergi war ein erst österreichischer, später tschechoslowakischer und französischer Schriftsteller, Philosoph und Politiker. Er verstarb 1972 in Schruns (Vorarlberg). Er schrieb: „Den ersten Weltkrieg empfand ich als Bürgerkrieg zwischen Europäern: als Katastrophe erster Ordnung." Diese Überzeugung brachte ihn zur Politik. 1923 veröffentlichte er sein Buch „Pan-Europa". Der von ihm vorgeschlagene europäische Staatenbund von Polen bis Portugal, den er als „Paneuropäische Union" oder „Vereinigte Staaten von Europa" bezeichnete, sollte einen erneuten Weltkrieg verhindern. Er forderte Frankreich und Deutschland auf, Streitigkeiten beizulegen und sich stattdessen auf Gemeinsamkeiten zu konzentrieren. Konzepte, die sich gegen den grassierenden Nationalismus nach dem Ersten Weltkrieg nicht durchsetzen konnten.

Erst nach dem Zweiten Weltkrieg, während dem er erst in die Schweiz und dann in die USA emigrierte, erlebte die Paneuropa-Idee einen Aufschwung. Winston Churchill z.B. hielt 1946 in Zürich eine Rede, in der er die Schaffung der „Vereinigten Staaten von Europa" anregte und dabei die zentralen Forderungen der Paneuropa-Idee aufnahm.

Bruno Kreisky

Kein österreichischer Politiker hat mich annähernd so fasziniert wie der ehemalige Bundeskanzler Bruno Kreisky (1911–1990). Das wurde für mich biografisch dadurch verstärkt, dass er seit Jugendtagen ein Freund meines Vaters war und häufig bei uns zu Besuch. Wie kein anderer brachte Kreisky internationale Strahlkraft und intellektuelle Brillanz in die damals recht bieder anmutende Politik. Dazu haben wohl nicht nur sein groß- und bildungsbürgerlicher familiärer Hintergrund beigetragen, sondern auch die vielen internationalen Kontakte während seiner 12-jährigen Emigration in Schweden.

Kreisky reformierte und modernisierte Österreich, er brachte aber durch seine Außenpolitik auch das kleine und von seiner Vergangenheit gebeutelte Land wieder auf die internationale Bühne. Kreisky verfolgte u. a. eine aktive Nachbarschaftspolitik mit den Ostblocks-Staaten. Seine Besuche in Bulgarien, Rumänien und Ungarn waren die ersten eines westlichen Außenministers. Er setzte Akzente im Nord-Süd-Konflikt und vor allem in der Nahostfrage. Kreisky machte Wien zu einem Ort des internationalen Austauschs und Dialogs. Bis heute bedeutsam ist sein Engagement beim Aufbau der Konferenz über Sicherheit und Zusammenarbeit in Europa, der späteren OSZE. 1980 wurde Wien auf sein Betreiben der dritte Hauptsitz der Vereinten Nationen.

Kreisky ist für mich ein großer Europäer.

George Soros

Der amerikanische Investor George Soros, geboren 1930 als György Schwartz in Budapest, trug in den vergangenen Jahrzehnten mit seinen Open Society Foundations viel zu einem liberaleren Europa mit offenen Gesellschaften bei. Er unterstützte Bürgerrechtsbewegungen und Demokratisierungsprozesse in den ehemaligen kommunistischen Ländern, die 1989/90 zum Zusammenbruch des Ostblocks beitrugen.

Soros spendete Milliarden für Initiativen, die Armut verringern, Transparenz vermehren und Menschenrechte stärken sollen. So gründete er 1991 die Central European University in Budapest mit, die inzwischen zum Teil nach Wien übersiedelt ist, und unterstützt sie finanziell.

All das macht ihn für nationalistische, antiliberale und antisemitische Kreise und Regierungen zum Feindbild. Und für mich zu einem wichtigen Förderer eines modernen und liberalen Europas.

VISION

Wir brauchen mehr, nicht weniger Europa.
Ich bin, wie bereits ausgeführt, ein überzeugter Anhänger der europäischen Idee. Ich bin davon überzeugt, dass der Nationalismus Schaden anrichtet und dass Nationalsaaten politisch und wirtschaftlich in der modernen Welt einen schweren Stand hätten und zu einem Spielball großer Mächte würden (Stichwort „Globalisierung"). Die EU ist eine Lösung für dieses Problem.

Wir sehen, dass die Europäische Union Sicherheiten gegen diktatoriale Politiken (Stichwort „illiberale Demokratie") einzelner Mitgliedsstaaten bietet. Das schafft, wenn überhaupt jemand, nur sie. Nationalstaaten hätten diese Kontroll- und Korrekturmechanismen übergeordneter Instanzen nicht.

Und ich gehe davon aus, dass die Freiheit zu Reisen, sich niederzulassen, in anderen Ländern zu studieren und zu arbeiten, die Möglichkeit mehrere Sprachen anzuwenden und der Kontakt mit vielen Ethnien und Kulturen den Menschen guttut, weil sie dadurch weltoffener, toleranzfähiger und liberaler werden. Oder, anders gesagt, sie werden weniger anfällig für nationalistische, rassistische und antidemokratische

Indoktrinierung. Das ist auch eine wirksame Prävention gegen Kriege.

Ich bin auch überzeugt davon, dass der Kontakt mit dieser kulturellen Vielfalt Europas, von dem meine Generation und mehrere nachfolgende Generationen nur träumen konnten, von den meisten Menschen, die sich dieser Vielfalt aussetzen, als fruchtbar und bereichernd erlebt wird. Und nicht als Bedrohung der eigenen Identität.

All das spricht für die Europäische Union, und all das gehört weiter ausgebaut und gefördert.

Ich bin auch deshalb ein überzeugter Anhänger der europäischen Idee, weil meine Familie schmerzvoll erleben musste, wie es früher in Nationalstaaten zugegangen ist, die Jüdinnen und Juden keinen Schutz geboten haben. Nur ein vereintes Europa kann – hoffentlich – ein politisches Bollwerk gegen das zersetzende, rassistische und antidemokratische Potenzial eines politischen Nationalismus darstellen. Der bereits zwei Weltkriege und einen Holocaust zu verantworten hat und sich heute in Europa wieder in beunruhigender Weise bemerkbar macht.

Das Gründungskonzept der EU, dass der Nationalismus samt seinen dazugehörigen Feindbildern in einem transnationalen Gebilde überwunden werden müsse, gehört meines Erachtens konsequent umgesetzt und weiterverfolgt. In Richtung einer liberalen, antirassistischen, antiautokratischen EU mit hohen demokratischen, humanitären, sozialen und medizinischen Standards. Ich wünsche mir eine EU-weite Bekämpfung der Korruption, ein Europa ohne Steuerschlupflöcher, in dem auch global tätige Konzerne angemessen besteuert werden und so ihre Gegenleistung dafür erbringen, dass sie in Europa gewinnträchtig wirtschaften können.

Ich wünsche mir einen humanen Umgang mit Flüchtlingen. Zuwanderung muss sich sicherlich innerhalb von vernünftigen Grenzen bewegen, aber es darf nicht sein, dass

Menschen, die in ihrem Herkunftsland verfolgt werden und dort ermordet würden, in Europa keinen Schutz finden. Gerade als Arzt ist für mich der Respekt vor Menschen ein hohes Gut, und hier sehe ich noch Luft nach Oben. Und als Jude erinnere ich mich daran, dass es wohl keine jüdische Familie gab, die nicht in der Zeit des Nationalsozialismus Mitglieder an den NS-Terror verloren hat. Dass verfolgte Menschen sterben, weil niemand sie aufzunehmen bereit ist, darf sich nicht wiederholen.

Die EU verdient es, mit geeigneten Narrativen beworben und popularisiert zu werden, und ihre unbestreitbaren Vorzüge und Zukunftsperspektiven gehören den Bürger:innen ihrer Mitgliedsstatten konsequent nähergebracht. Nur die EU kann unsere Zukunft absichern. Dafür brauchen wir aber mehr, und nicht weniger Europa.

ZUKUNFT

An Visionen für Europa und die EU fehlt es nicht: Ich kann mir eine positive Zukunft ohne die EU nicht vorstellen. Allerdings fürchte ich, dass die zukünftigen europäischen Realitäten mit meinen Überzeugungen und Wunschvorstellungen nicht Schritt halten werden. Zu viele politisch dubiose Kräfte arbeiten an der Zerstörung oder zumindest Schwächung Europas. Unterstützt durch mächtige und finanzstarke Länder, denen der fast 450 Millionen Menschen umfassende politische Koloss ein Dorn im Auge ist. Sie gehen davon aus, mit mehreren kleinen Staaten ein leichteres Spiel zu haben, als mit der EU.

Europa hat viele Feind:innen: Rechtspopulist:innen, Linkspopulist:innen, Diktatoren, illiberale Demokrat:innen, und viele andere, die mit ihren antieuropäischen Aktionen ihre kleineren oder größeren politischen Ziele verfolgen. Ein durchgängiges Kampfargument der Feinde innerhalb und außerhalb der EU ist, dass „Brüssel" den Mitgliedsstaaten den Verzicht auf nationale Souveränität abverlange und die einzelnen Länder ihre Freiheit und Unabhängigkeit aufgeben müssen. Soziale Medien erleichtern die Verbreitung solcher Fakenews und dazupassender hassgetriebener Kampagnen ungemein. Alles in allem sind das ungustiöse Vorgänge mit starkem Zersetzungspotenzial. Hier vermisse ich ein konsequentes Gegensteuern der EU.

Denn was den Feinden der EU nicht gelingt, ist der seriöse Nachweis, dass ein Zerschlagen der EU, oder zumindest deren Redimensionieren oder Überführen in eine bloße Wirtschaftsgemeinschaft, den EU-Ländern und deren Bewohnern spezielle Vorteile brächte. Tatsächlich wären auf sich gestellte kleine Länder in einer globalisierten Welt völlig chancenlos. Hier wird eine Politik der Gefühle betrieben, und man kann nur hoffen, dass sie letztlich nicht erfolgreich sein wird. Und dass endlich von konstruktiven, demokratischen und liberalen Kräften entschlossen gegengehalten wird, zum Beispiel mit Informations- und Imagekampagnen. Soziale Medien ließen sich schließlich auch konstruktiv in den Dienst der europäischen Sache stellen.

Dass die EU leider oft keinen guten Leumund und eine schlechte Presse hat, hängt auch mit der politischen PR in den einzelnen Ländern zusammen: Viele Politiker:innen heften sich Erfolge, die ohne EU nicht möglich gewesen wären, an ihre eigene politische Fahne. Und läuft es einmal nicht so gut, wird Brüssel der Schwarze Peter zugeschoben. Hier wünsche ich mir mehr politisches Bewusstsein bei Bürgerinnen und Bürgern, bessere Aufklärung durch Medien, und mehr Werbung der EU in eigener Sache.

Insgesamt rächen sich einige hausgemachte Systemfehler der EU. Wohl in erster Linie das Einstimmigkeitsprinzip im Europäischen Rat. Dass einzelne Länder auch wichtige sinnvolle Entscheidungen blockieren und faule Kompromisse erzwingen können, gibt zum Beispiel Autokratien einen zu großen Stellenwert. Hier ist die Politik gefordert, Lösungen zu finden.

Wir können aber auch, jeder für sich und gemeinsam, europäisch handeln. Gegen die zerstörerischen antieuropäischen Tendenzen hilft, wenn wir Europa und seine Werte zu unserer persönlichen Angelegenheit machen und auch entsprechende Erziehungs- und Bildungsziele verfolgen. Dazu zählen z.B. Medienerziehung, Verständnis für Andersartiges, oder das Erlernen von Toleranzfähigkeit. Es geht um eine Erziehung gegen Ethnozentrismus, Nationalismen, Rassismen und Fremdenhass, um eine Erziehung, die dazu beiträgt, dass die Erzogenen all das für ihre Persönlichkeitsbildung und Identität nicht brauchen. Das gehört in die Lehrpläne der Schulen, aber auch in die Familien.

Wer viele Reisen unternimmt und in anderen Ländern lebt, studiert und arbeitet, der weiß, dass es auch anders geht als zuhause. Er wird das wohl eher als Bereicherung erleben, und nicht als Bedrohung. Interrail-Bahntickets und Erasmus-Studienprogramme bieten heute Möglichkeiten, die es früher nicht gab. Wer sie nützt, der stärkt Europa.

Anna Stürgkh

BILDER

Als ich am 1. Oktober 2013 in das Flugzeug stieg, um ein neues Kapitel in England aufzuschlagen, hielt sich meine Nervosität in Grenzen. Wahrscheinlich lag das an meiner Schwester, die neben mir saß, meiner Cousine, die zu der Zeit in London lebte und uns erwartete, und der Tatsache, dass ich gut ein dutzend Mal zuvor in einem Flieger auf die Insel gesessen bin. Zu einem kleinen Teil lag es jedoch auch an der EU. An der Tatsache, dass ich kein Visum brauchte, dass mein Pass, meine Bankomatkarte und sogar mein Handytarif in meinem neuen Zuhause genau gleich funktionieren würden, wie ich es aus Wien gewohnt war.

Drei Jahre würde ich während meines Studiums in England verbringen. Es war leicht für mich, anzukommen, denn allen meinen Studienkolleg:innen ging es wie mir. Wir alle mussten uns in einer neuen Stadt orientieren, neue Freund:innen finden und die Administration eines Umzugs hinter uns bringen. Ich fühlte mich ebenbürtig. Ich war hier genauso zuhause wie meine Kolleg:innen, ich hatte dasselbe Recht mich wohlzufühlen, dazuzugehören. Am Ende waren wir alle Europäer:innen und damit ein kleiner Teil von etwas viel Größerem. So zumindest mein erster, wohl etwas naiver Eindruck.

Während der ersten Jahre sollte es immer wieder Momente geben, in denen diese Sichtweise ins Wanken geriet. Manchmal waren es nur Kleinigkeiten, wie die Tatsache, dass meine Freund:innen immer von „the continent" redeten. Manchmal waren es auch größere Diskussionen, wie jene über unser Curriculum damals im Büro meiner Professorin im Dachgeschoss des kleinen Fachwerkhauses. Ich äußerte, mir sei es nicht verständlich, warum jede:r Student:in verpflichtet sei, „British History" zu belegen. Darauf entgegnete mir meine Freundin: Wer in Großbritannien studiere, solle auch etwas über britische Geschichte lernen. Und wenn einen das nicht interessiere, dann müsse man ja auch nicht hier studieren. Egal welches Argument ich brachte, es lief alles auf eine Antwort hinaus: „Es zwingt dich ja niemand, hier zu studieren." Ab diesem Zeitpunkt begegnete ich ihm immer öfter, dem britischen Stolz, dem Selbstverständnis einer großen Nation.

Im letzten Jahr meines Studiums hätte ich wohl sehr nichtsahnend sein müssen, um dem britischen Nationalismus zu entkommen. Denn Ende Juni 2016 befanden wir uns nicht nur am Ende des Studiums, sondern auch am Ende eines monatelangen Wahlkampfs um die Zukunft Großbritanniens. Trotz der immer lauter werdenden „Leave"-Stimmen konnten wir uns in unserer liberalen und proeuropäischen Blase nichts anderes als ein „Remain"-Votum vorstellen.

Am 23. Juni stimmte die britische Bevölkerung über unsere gemeinsame Zukunft ab und wir feierten ein letztes Mal, bevor wir bei unserer Sponsion in den Ernst des Lebens entlassen werden würden. Die Stimmung in unserem Lieblingsclub war entsprechend ausgelassen. Inmitten der tanzenden Menge packte eine Gruppe Studierender unter Jubelgeschrei plötzlich eine EU-Flagge aus. Den Rest des Abends wurde mit ihr und um sie getanzt, sie wurde unter den Partygästen herumgereicht wie der Pokal einer Weltmeisterschaft innerhalb der Siegermannschaft. Ein Bild, das ich wohl nie wieder vergessen werde.

Am nächsten Morgen wachte ich von einem zaghaften Klopfen an meiner Tür auf. Die nächsten Minuten verbrachten meine beste Freundin und ich in einer Art Schockstarre auf meinem Bett. In diesem Moment mischten sich so viele Emotionen in mir, dass ich am Ende nur Taubheit spürte. Die Entscheidung über den EU-Austritt des Vereinigten Königreichs war für mich nicht nur irgendein Politikum, sie fühlte sich persönlich an. An dem Tag, an dem ich aus meiner Universität entlassen wurde, wurde ich durch den „Brexit" auch aus meiner neuen Heimat entlassen. Ich war nicht mehr willkommen, war nicht mehr ebenbürtig, hatte nicht mehr das Recht mich wohlzufühlen, dazuzugehören. Zumindest fühlte es sich so an.

ERLEBNISSE

Als die österreichische Bevölkerung über den EU-Beitritt abstimmte, war ich gerade zwei Monate alt. Als wir der EU schließlich beitraten, noch nicht einmal ein Jahr alt. Ich habe keine Erinnerungen an ein Österreich außerhalb der EU, oder an Grenzkontrollen auf dem Weg in den Urlaub in Frankreich. Und während ich mich zwar an das Bezahlen mit Francs und Lire erinnere, habe ich bereits mein erstes Taschengeld in Euro bekommen. Wo erlebt eine Generation, die nichts anderes als die EU kennt, ebendiese? Ist nicht unser gesamter Alltag von europäischen Erlebnissen geprägt? Die Auswahl an „ausländischen“ Produkten im Supermarkt, die internationalen Geschäfte in unseren Straßen, unsere gemeinsame Währung, die große Freiheit der Interrail-Reise nach der Matura, das Erasmus-Semester oder der Erasmus-Plus-Austausch, die Flaggen auf unseren politischen Gebäuden und so vieles mehr.

Die Frage ist daher wohl eher, wo meine Generation Europa nicht erlebt.

Für mich ist es jede einzelne Reise meines Lebens innerhalb der Europäischen Union, die als Erlebnis die EU greifbar macht. Das Gefühl, vom Zug oder Flugzeug direkt zum Ausgang zu gehen, ohne Pass- und ohne Zoll-Kontrolle, wird nur übertroffen von dem Moment, in dem ich aus unterschiedlichen Gründen doch in eine Passkontrolle komme: Die Augen wandern über die Schilder auf der Suche nach den vertrauten Sternen. Es ist nicht nur das Schnellersein als in den „Other“- oder „All Passports“-Schlangen. Es ist nicht nur die Praktikabilität, die dieses Erlebnis für mich ausmacht. Denn egal, wie häufig ich diesen Moment erlebe, er ist für mich mit Emotion verbunden, ein Symbol für etwas Größeres.

Komme ich etwa in Italien in eine Passkontrolle, dann steht dort nicht „Italian or EU“, stehe ich in Wien-Schwechat, so wird der Schalter nicht für „Österreicher:innen oder EU-Bürger:innen“ geöffnet. Stattdessen laden die Schilder Staatsbürger:innen aller EU-Länder ein, unabhängig deren nationaler Herkunft. Die einzige Farbe, die hier zählt, ist EU-Blau, die einzige Flagge unsere Sterne. In diesem Moment bin ich nicht Ausländerin, nicht einfache Touristin, ich bin EU-Bürgerin, die ihre Heimat betritt, genau wie die Person vor mir und die Person hinter mir.

2019, als die EU-Wahl nicht nur den politischen Diskurs um die EU anheizte, sondern auch für unterschiedlichstes EU-Merchandise sorgte, schenkte mir mein Mann eine neue Passhülle. Fällt sie zuerst nicht richtig auf, da sie dasselbe Bordeauxrot zur Schau stellt wie mein österreichischer Pass, ist es die Prägung, die sie zu etwas Besonderem macht. Denn während der darunterliegende Ausweis mit dem Bundesadler geprägt ist, zeigt die Hülle selbstbewusst den europäischen Sternenkranz und die Aufschrift „Europäische Republik". Ich trage sie mit Stolz und mit der Hoffnung, dass auch der verdeckte Pass eines Tages ein wahrhaft europäischer ist.

Bei jeder Reise, die ich seit 2020 in meine ehemalige, zweite Heimat England unternommen habe, bekam ich bei meiner Ankunft immer ein flaues Gefühl im Magen, bevor ich zur Passkontrolle um die Ecke bog. Und jedes Mal wurde mein Herz bisher etwas leichter, sobald mir meine altbekannten Sterne entgegenstrahlten. Ein letztes Gefühl der europäischen Zugehörigkeit, ein Gefühl des Zuhauseseins das trotz des Brexit-Schmerzes erhalten bleibt. Ich fürchte mich schon heute vor dem Tag, an dem ich an der Grenze stehe und zu „Other" gehöre.

GESCHICHTE

Mit acht Jahren reiste ich mit meiner Familie im Sommer für zwei Wochen nach Dänemark. Unter anderem besuchten wir das Schloss Kronborg, jenen Ort, an dem Shakespeare sein Werk Hamlet spielen ließ. Als wir durch die Prunksäle gingen, lief ich aufgeregt zu meiner Mutter, um ihr stolz zu erklären, dass ich Dänisch verstünde. Nach einem kurzen Moment der Verwirrung zeigte ich meiner Mutter den Wandteppich, dessen Aufschrift ich einwandfrei lesen und verstehen konnte. Meine Mutter lachte: Ich könne nicht dänisch lesen, der Teppich war auf Deutsch beschriftet. Ich verstand nicht, wieso in einem dänischen Schloss deutsche Schriften zu finden waren, und so erzählte mir meine Mutter von Verheiratungen, Besatzungen und Partnerschaften, die zur Nutzung von Deutsch als dänische Hofsprache führten.

Das war der erste Moment, in dem ich zu verstehen begann, wie verworren die Geschichte europäischer Länder ist. Man kann die Vereinigung Italiens nicht erklären, ohne sich mit der Geschichte des Habsburgerreichs zu befassen, die Revolution 1848 in Österreich nicht verstehen, ohne sich mit der Geschichte Frankreichs auseinanderzusetzen.

Gleichzeitig wurde mir bewusst, wie fluide Grenzen auf dem europäischen Kontinent seit jeher waren. Gezielte und geschickte Hochzeitspolitik und territoriale Kriege führten dazu, dass Europa regelmäßig aus wenigen großen Einheiten bestand und immer wieder weite Teile des Kontinents von einer Macht beherrscht wurden.

Im 16. Jahrhundert erweiterte Karl V. seinen Einflussbereich um breite Gebiete, bis er zum Herrscher über ein Reich wurde, „in dem die Sonne nicht untergeht". Während ein guter Teil dieses Zusammenschlusses der erfolgreichen Heiratspolitik seiner Habsburger Vorgänger sowie dem Fehlen weiterer Thronfolger zuzuschreiben war, zeigte Karl V. den Anspruch, eine europäische supranationale Ordnungsmacht durchzusetzen. Auch wenn er dieses Ziel nicht vollkommen erreichte, sah das 16. Jahrhundert eine Vereinigung eines großen Teils des europäischen Kontinents, hervorgebracht durch „glückliches" Erbe und erfolgreiche Kriege.

Der französische Machthaber Napoleon Bonaparte kam einem gesamteuropäischen Reich im 19. Jahrhundert nahe. Anders als Karl der Große konnte Napoleon nicht auf vererbte Gebiete oder gar Titel zurückgreifen. Stattdessen stieg der Soldat in den Unruhen der Französischen Revolution und deren Nachwirkungen zum französischen Kaiser auf, wodurch ihm die Herrschaft über die weiten französischen Gebiete zugesprochen war. Daraufhin schaffte der Heeresführer dank seiner erfolgreichen Kriegsführung, innerhalb kurzer Zeit einen Großteil des europäischen Kontinents in seine Gewalt zu bringen.

Es gibt noch unzählige weitere Beispiele von Machthabern, die Europa mithilfe von militärischen Auseinandersetzungen unter ihrer Herrschaft zu vereinigen versuchten. Dieses Ziel endete in der Vergangenheit jedoch immer mit der Zerschlagung dieser Reiche. Wieso sollte also unser heutiger Versuch, Europa in einer Union zu vereinen, erfolgreich sein? Der Unterschied zwischen vergangenen Zusammenschlüssen und der heutigen Europäischen Union ist evident: Entstanden vergangene vereinte Europäische Reiche aus Kriegen und dem Anspruch absoluter Macht, so entstand und wächst die Europäische Union aus und für den Frieden.

Aus historischer Sicht ist klar, dass die europäischen Länder untrennbar miteinander verbunden sind. Unsere Vergangenheit eint uns, unsere Zukunft wird diese Einheit testen.

PERSÖNLICHKEIT

Im September 2005 begann für mich die 2. Klasse Unterstufe und damit offiziell meine „politische Bildung". Im selben Monat gewann Angela Merkel ihre erste Bundestagswahl. Kaum eine politische Persönlichkeit war beständiger und prägender in meiner Pubertät und meinem politischen Erwachen als die langjährige CDU-Kanzlerin. Doch mehr noch als das war die deutsche Politikerin ausschlaggebend für das in mir wachsende Verständnis der Europäischen Union als politische Einheit.

Angela Merkel hat in ihrer politischen Karriere bestimmt nicht alles richtig gemacht. Ihre Innenpolitik war nicht von Innovation geprägt, auf europäischer Ebene hat sie nicht alles geschafft, was sie erreichen wollte, wie etwa in der Frage des europaweiten Umgangs mit Migration. Unter anderen Umständen wäre wohl allein ihre langjährige Führung bereits ein Grund, sie zu kritisieren. Doch ich möchte nicht über das Vermächtnis ihrer politischen Karriere referieren, da es nichts daran ändert, wie sie mich als Politikerin und als Europäerin geprägt hat. Merkel war für mich mehr als die deutsche Kanzlerin, sie war ein Fixstern der Europäischen Union. Sie stand für die Einheit, für die Wichtigkeit der Zusammenarbeit und für die Sicherheit, dass unsere europäische Zukunft nur eine gemeinsame sein kann. Eine Positionierung, die man ihr wohl insbesondere aufgrund ihrer eigenen Vergangenheit als Kind der DDR und ihrem Großwerden in einem getrennten Land besonders authentisch abnahm.

Im Jahr 2009 durfte ich das erste Mal wählen und begann, mich in intensiverem Ausmaß mit Politik zu beschäftigen. Im selben Jahr traf Merkel gleich zweimal mit dem frisch angelobten US-Präsidenten Barack Obama zusammen. Treffen, die sich für mich monumental anfühlten. Denn die Allianz zwischen den beiden symbolisierte eine Hoffnung auf eine positive Entwicklung. Ich empfand das Gefühl eines Aufbruchs in eine Zukunft, in der die Freiheit regiert und das demokratische, friedliche Zusammenleben außer Frage steht.

Im selben Jahr im Herbst unternahmen wir mit unserer Klasse eine Studienreise nach Berlin. Überall strahlten uns von großen Plakatwänden Frank-Walter Steinmeier, Guido

Westerwelle und Angela Merkel entgegen. Wir waren mitten in der heißen Wahlkampfphase in die Hauptstadt gekommen. Während uns diese Wahlen theoretisch kalt lassen konnten und ich wohl auch viel zu wenig über die unterschiedlichen Standpunkte der Parteien wusste, erinnere ich mich daran, wie vertraut das Gesicht Merkels war und wie ich insgeheim auf ihre Wiederwahl hoffte.

Jahre später, während meines Geschichtsstudiums, beschäftigten wir uns unter anderem mit den Kräfteverhältnissen in Europa über die Jahrhunderte hinweg. In Zuge dessen lernten wir unter anderem über die regelmäßigen kriegerischen und politischen Auseinandersetzungen zwischen dem heutigen Frankreich und Deutschland. Plötzlich schienen mir Zusammenkünfte, bei denen sich Merkel und der damalige französische Präsident François Hollande trafen, nebeneinander in die Kamera grinsten und gemeinsam an Lösungen für die europäische Gemeinschaft arbeiteten, umso signifikanter. Als 2017 Emmanuel Macron als ausgesprochene proeuropäische Kraft das Präsidentenamt übernahm, fühlten sich Zusammenkünfte zwischen Merkel und ihrem französischen Counterpart ähnlich an wie die ersten Begegnungen mit Obama. Die zwei größten Länder Europas standen zusammen für die EU ein und strahlten damit die Einigkeit und auch die Innigkeit der Europäischen Gemeinschaft aus. Eine so wichtige Hoffnung auf eine europäische Zukunft, die sich angesichts des Brexits, angesichts der wachsenden Euro-Skepsis in unzähligen Ländern fast überlebensnotwendig anfühlt.

Merkels Abgang 2021 war notwendig und vielleicht sogar etwas zu spät. Trotzdem war ihr Abschied für mich mit großer Unsicherheit verbunden. Merkel hinterließ große europäische Fußstapfen. Den europäischen Fixstern gibt es nicht mehr, die proeuropäischen Kräfte wirken teilweise führungs- oder zumindest leidenschaftslos. Doch vielleicht bietet dieses Vakuum auch die Chance einer wachsenden (internationalen) Relevanz der europäischen Vetreter:innen, wie der Kommissionspräsidentin Von der Leyen.

Vielleicht wirkt Merkels Abschied aus der Politik auch deshalb so signifikant, weil sie einen Gegenpol zu den derzeit amtierenden und in den letzten Jahren an die Macht gekommenen Politiker:innen darstellte. Wirkte sie manchmal emotionslos oder kalt, so war sie besonnen und pragmatisch. Schaffte es trotz ihrer Steifheit, Wärme auszustrahlen. Sie wirkte überlegt und unaufgeregt. Heute begegnet uns immer mehr Populismus und Aufgeregtheit. Kaum eine politische Diskussion scheint auf Sachebene geführt zu werden, der Sieg in Umfragen steht über Zukunftsfragen. Ein wenig mehr Merkel würde hier nicht schaden.

VISION

Während ich diese Zeilen schreibe, warte ich auf die Ankunft meines ersten Kindes. Noch nie in meinem Leben haben mich die Geschehnisse in der Welt mehr beschäftigt und umgetrieben als in den letzten neun Monaten. Während in mir Leben entsteht, denke ich paradoxer Weise oft an den Tod. Krieg, Klimakatastrophe, Krisen und die Passivität, mit der diesen Themen begegnet wird, wären eigentlich genug, um alles hinzuwerfen. Aber das geht nicht, insbesondere dann nicht, wenn man entschieden hat, einen neuen Menschen in diese Welt zu setzen.

Vielleicht ist auch alles nicht so schlecht, wie es auf den ersten Blick wirkt. Meine Generation ist den Wohlstand gewöhnt.

Ich bin ein Kind der 90er. Wir sind in Freiheit aufgewachsen, haben den wirtschaftlichen Aufschwung und die liberale Demokratie als selbstverständlich erlebt. Heute sieht das anders aus. Doch hätten Menschen in der Vergangenheit immer, wenn sie vor Problemen standen, das Handtuch geworfen, dann wären wir bereits vor Jahrtausenden ausgestorben. Mir ist bewusst, dass Optimismus und Naivität oft so nah beieinander liegen, dass man sie zu verwechseln droht. Doch ich bin lieber naiv als in pessimistischen Schockstarre zu verharren.

Europa, das ist die Zukunft, die ich für meine Tochter will. Das ist die Zukunft, die sie verdient hat. Also will ich auch für sie arbeiten. Für einen Kontinent des Friedens, des Zusammenlebens, der Innovation, des Schönen und der Freiheit.

Wir haben die Chance, ein Europa zu bauen, in dem jedes Kind, egal in welches Land, egal in welche Familie es geboren wird, frei ist, seinen Weg zu finden. Jedes Kind muss die Chancen finden können, sich zu entfalten, persönlich und wirtschaftlich. Wir sind ein Kontinent voller Potential. Wir dürfen keines davon zurücklassen. Wir müssen eine Politik bekämpfen, die bürokratische Hürden und nationale Barrieren aufbaut. Wir müssen eine Politik leben, die das Gemeinsame vor das Trennende stellt und unseren Kontinent wieder zum Vorbild und Sehnsuchtsort für die Welt gestaltet.

Wir haben die Chance auf ein Europa, in dem die Kinder als europäische Staatsbürger:innen geboren werden, als Einwohner:innen der Vereinigten Staaten von Europa. Diese Vereinigten Staaten sind eine schlank geführte Einheit, die zugleich eine höchstmögliche Beteiligung der Bürger:innen zulässt. Sie kann Probleme, die über nationalen Grenzen schweben, tatkräftig beantworten, ohne Lösungen für lokale

Themen von oben herab überzustülpen. Die Grundhaltung der Vereinigten Staaten von Europa ist, dass jeder Mensch selbst am besten weiß, was er braucht. Es herrscht ein Grundvertrauen in die Kompetenz der Menschen vor Ort. Während also die Grundrechte aller garantiert werden und die Rahmenbedingungen für Innovation und Infrastruktur geschaffen werden, wird das tägliche Leben lokal und von den Betroffenen selbst gestaltet.

Die Vereinigten Staaten von Europa können der wichtigste Wirtschaftsstandort der Welt werden, weil hier Standards gesetzt werden und Innovation ihren Ursprung hat. Als solche treiben sie die Entwicklung der Weltgemeinschaft voran und sind ein Garant für Frieden und Freiheit. Es ist ein Ort der Chancen, an dem die Stärken jedes und jeder Einzelnen in Kooperation und Wettbewerb wachsen.

Diese Vision ist keine Utopie. Ich denke, dass wir viel näher an ihr dran sind, als wir das auf den ersten Blick sehen. Wir sind erzogen, das Schlechte zu sehen, wurden gelehrt, den Skandal zu suchen, nicht die Chancen und positiven Entwicklungen. Der Weg dorthin ist bestimmt noch ein langer, aber die ersten Schritte sind bereits gemacht. Jetzt liegt es an uns, ihn weiterzugehen. Wenn nicht für uns, dann für das neue Leben, das soeben in mir heranwächst.

ZUKUNFT

Europa steht am Scheideweg. Einerseits sieht sich die Europäische Union seit Jahren von Querschüssen eigener Mitgliedstaaten konfrontiert. Regelmäßig drohen europäische Populist:innen mit dem Austritt aus der Union oder deren Zerstörung von innen heraus. Die Europäische Union wirkt machtlos angesichts der großen Krisen, die unseren Kontinent erschüttern: die seit 2015 immer wieder anschwellenden Migrationsströme, die steigenden negativen Effekte der Inflation auf die heimische Wirtschaft, die Klimakrise ... Immer häufiger muss sich die EU die Frage gefallen lassen, wofür wir sie denn überhaupt brauchen.

Gleichzeitig hat die Union in den letzten Jahren einige Erfolge verbuchen können. So haben die rasche Reaktion, die unterstützenden Forschungsgelder und der gemeinsame Impfstoff-Einkauf im Zuge der Coronakrise wohl einige Leben gerettet. Die Regulatorien im digitalen Bereich, wie die DSGVO, oder auch neue Richtlinien für digitale Dienste wie Meta und Co., gelten international als Vorreiter und auch Vorbild. Auch die geeinte Front gegenüber Russland, die intern intensive politische Diskussionen und Auseinandersetzungen gekostet hat, zeugt von der Stärke der Europäischen Union.

Folgt man diesen Beobachtungen, kann man wohl fast sagen, dass Europa nicht einmal unbedingt am Scheideweg steht. Die Situationen zeigt sich komplexer. Wir stehen nicht an einer Wegkreuzung mit einem Wegweiser in Richtung stärkerer Kooperation und gemeinsamer Lösungsfindung und einem anderen Wegweiser in Richtung einer Auflösung oder zumindest Lockerung der europäischen Zusammenarbeit. Stattdessen sind wir bereits auf zwei parallelen Wegen unterwegs. Auf einem Weg gehen die europäischen Institutionen und die wenigen klar proeuropäischen Nationalregierungen mit einigen Stolpersteinen und Umwegen einer starken internationalen Position Europas entgegen. Auf einem anderen Weg gehen unzählige Nationalregierungen in eine ungewisse Zukunft, geprägt von Nationalstolz, Populismus und einem getrennten Europa.

Leider scheint es, als ob insbesondere innerhalb der europäischen Bevölkerung der zweite Weg nicht nur der auffälligere, sondern auch der populärere ist. Das schmerzt nicht nur, wenn man selbst an einer proeuropäischen Haltung festhält, sondern auch aufgrund der Absurdität der Herangehensweise jener Regierungen, die antieuropäische Sentiments streuen. Denn durch die Bank nutzen eben jene Politiker:innen alle Vorzüge der Europäischen Union aus, nur um diese als ihren persönlichen Erfolg zu verkaufen und der Union im Gegenzug vor der eigenen Bevölkerung den Schwarzen Peter für alle unangenehmen Entscheidungen zuzuschieben. Wie das etwa beim Lieblingsbeispiel der EU-Kritiker der Fall ist: die Gurkenkrümmung. Ist diese Regulierung doch ein Policy-Export aus Österreich.

Einige Länder gehen jedoch noch einen Schritt weiter, treten die Werte und Grundpfeiler der Europäischen Union, wie etwa die Pressefreiheit oder das Prinzip der Rechtsstaatlichkeit, regelrecht mit Füßen, wie etwa unser Nachbarland Ungarn. Während ein Vertragsverletzungsverfahren nach dem anderen eingeleitet wird, gibt es keine echten Konsequenzen für dieses Verhalten Orbans und seiner Freund:innen. Im Gegenteil, Orban hat es verstanden, die EU regelrecht zu erpressen und auch noch europäisches Geld für seine Machenschaften einzuheimsen.

Gleichzeitig verliert sich die EU immer mehr in internen Querelen, Spaltungen und auch der teils überbordenden Bürokratie, während uns andere Länder wirtschaftlich und diplomatisch links und rechts überholen.

Wollen wir als EU auch in Zukunft eine Rolle auf der politischen Weltbühne spielen, wollen wir weiterhin ein Garant für

Wohlstand und Freiheit für unsere Bürger:innen sein, dann müssen wir an vielen Ecken ansetzen.
Erst letztes Jahr ging der größte Konsultations- und Beteiligungsprozess zu Ende, der sich eben die Frage nach einem gemeinsamen Zukunftsbild und den dafür notwendigen Reformen stellte, die Conference on the Future of Europe.

Ich bin davon überzeugt, wollen wir als EU eine Zukunft haben, müssen wir die Ergebnisse der Konferenz bearbeiten und mögliche Vertragsänderungen einleiten, müssen wir Mechanismen und Wege erarbeiten, wie wir mit Mitgliedern wie Ungarn umgehen, und müssen wir insbesondere die Kernkompetenz der EU, nämlich jene der Wirtschaft, stärken, damit wir auch in Zukunft ein kompetitiver Wirtschaftsstandort bleiben. Das alles schaffen wir nur vereint.

Martin Weiss

BILDER

Das folgende Bild hat nicht wirklich etwas mit „1 Europa" zu tun. Oder vielleicht doch? Es ist ein Bild, das aus den 70er Jahren stammt. Es ist das Bild eines grauen, tristen Wiens.

Wie damals üblich, sollten die Schüler:innen aus den Bundesländern im Rahmen einer „Wienwoche" ihre eigene Hauptstadt kennenlernen. Ich war Schüler im Akademischen Gymnasium in Salzburg und wir brachen also gemeinsam mit unserem Klassenvorstand zu einer Schulreise nach Wien auf. Es war dies meine erste Reise nach Wien, denn meine familiären Urlaubsreisen hatten mich bisher etwa nach Frankreich oder Italien zum Wandern in den Dolomiten oder an die Adria geführt; oder nach Deutschland, zum Besuch von Großeltern und Verwandten in Nürnberg oder Köln – aber bislang noch nie in Richtung Osten. Warum auch hätte man statt in den sonnigen Süden in den Osten reisen sollen?

Vom kleinen Salzburg also auf in das große Wien. Und wie wirkte die große Stadt damals auf mich? Mit einem Wort: schrecklich. Im Gegensatz zu Salzburg war in Wien die Nähe zum Eisernen Vorhang unübersehbar. Grenze, das bedeutete in Salzburg eine mehr oder weniger unkomplizierte Grenzkontrolle und die Weiterreise in die Bundesrepublik Deutschland. Oder eine Reise über den Brenner nach Italien. Und dort war dann alles so wie in Salzburg, vielleicht sogar noch ein bisschen besser. In Wien hingegen spürte man deutlich, dass man sich in eine Sackgasse begeben hatte. Denn die Grenzen in Richtung Osten waren mehr oder weniger geschlossen. Ein Weiterkommen gab es – wenn überhaupt – nur mit großen Schwierigkeiten. Und dieses „nicht weiter kommen Können" hatte seine Auswirkungen auf Wien. Und die Menschen die dort lebten. Die bleierne Schwere des Eisernen Vorhangs war für mich als Jugendlichen in Wien jedenfalls deutlich spürbar.

Das sollte unsere berühmte Hauptstadt sein? Das „Wien, Wien nur du allein". Wirklich? Und die viel gerühmte Mariahilfer Straße? Eine graue Straße mit wenig einladenden Schaufenstern. Die Wiener:innen? Das ist jetzt bestimmt ein bisschen unfair – aber für mich waren das viele alte, graue Menschen mit grauen Gesichtern, die entweder mürrisch oder unfreundlich waren. Oder beides. Wien, das hatte ich mir ganz anders vorgestellt. Eine pulsierende europäische Großstadt hatte ich mir erwartet. Nicht nur ein paar alte Museen, sondern Lichter, bunte Geschäfte, freundliche, aufgeschlossene Menschen etc. So kann man sich täuschen. Wien, das war damals der letzte Zipfel des freien Europas. Und das war eben auch ganz deutlich zu spüren. An jeder Ecke und jedem Ende. Und wenn ich immer wieder höre und lese, dass die Dinge heute nicht mehr so sind, wie sie einmal waren, dann denke ich mir still und leise: Gott sei Dank!

Ein EU-Erlebnis, das ich nicht missen möchte, war meine Arbeit für ein „Ja“ bei der EU-Volksabstimmung im Jahr 1994. Ohne positive Volksabstimmung kein EU-Beitritt, dazu hatte sich die österreichische Bundesregierung damals entschieden. Im Vorfeld dieser Abstimmung war der langjährige Siemens-Generaldirektor, Walter Wolfsberger, zum „EU-Beauftragten der österreichischen Industrie“ bestellt worden, und ich zu seinem Büroleiter.

Unser Ziel war klar: alles in unserer Macht Stehende zu tun, um am Tag der Abstimmung eine klare Mehrheit für einen EU-Beitritt zu erreichen. Klingt leicht (und sinnvoll), leicht war es aber nicht wirklich. Warum? Das erste „Bürgerforum“, ein ORF Format, das an fünf TV-Hauptabenden mit aktiver Bürger:innenbeteiligung über die Vor- und Nachteile eines allfälligen EU-Beitrittes informierte, öffnete uns die Augen. Die Sendung wurde vom populären Fernsehmoderator Walter Schiejok moderiert, ihm eilte der Ruf voraus, ein unbestechlicher „Anwalt des kleinen Mannes“ zu sein. Und nach der ersten Sendung war uns klar: der kleine Mann/die kleine Frau, die in dieser Sendung zu Wort kam, war extrem EU-kritisch. Die Mehrheit der Bevölkerung aber, die einem EU-Beitritt positiv gegenüberstand, war offenbar nicht wirklich bereit, ihre pro-EU Überzeugung „öffentlich vor sich her zu tragen“. Man war für einen Beitritt, ja eh, aber musste man das auch in aller Öffentlichkeit breittreten? Die EU-Gegner:innen hatten hingegen offenbar keinerlei Problem damit, ihre Abneigung der EU auch lauthals publik zu machen. Und so entstand nach der ersten Sendung der Eindruck, das österreichische Volk wäre mehrheitlich gegen einen EU-Beitritt und lediglich die in die Sendungen eingeladenen Eliten (=Minister, Funktionäre etc.) dafür. Unser Arbeitsauftrag war daher klar: Wir mussten versuchen, die „schweigende Mehrheit", die für ihr Leben, ihre Kinder, ihren Job klare Vorteile in einem EU-Beitritt sah, dazu zu bewegen, dies auch öffentlich kundzutun.

Wir krempelten also unsere Ärmel hoch und machten uns daran, mit Hilfe von engagierten Menschen aus Industrie und Wirtschaft Schritt für Schritt die Befürworter:innen eines EU-Beitritts mit treffsicheren Argumenten zu versorgen; prominenten EU-Befürworter:innen aus der Wirtschaft eine Bühne zu verschaffen; Testimonials für einen EU-Beitritt einzusammeln und zu veröffentlichen und schlussendlich die Befürworter:innen eines EU-Beitritts dazu zu bewegen, an der bevorstehenden Volksabstimmung auch tatsächlich teilzunehmen.

Es waren sechs Monate harter Arbeit – aber eine Arbeit, von deren Richtigkeit und Wichtigkeit unser ganzes Team zu 100 % überzeugt war. Am 12. Juni 1994 war es dann so weit: Zwei Drittel der Österreicher:innen (um genau zu sein 66,58 %) stimmten für eine Mitgliedschaft in der EU. Diesen Tag werde ich nicht so schnell vergessen. Nicht nur kam damals unsere pro-EU Kampagne zu einem sehr erfreulichen Abschluss, in der Nacht des 12. Juni 1994 wurde auch mein Sohn Nikolaus geboren. Der 12. Juni ist in unserer Familie seither jedes Jahr ein ganz besonderer Grund zu feiern.

GESCHICHTE

Teil 1

Unvergessen wird mir immer ein Besuch bei einer Tante im West-Berlin der frühen 80er Jahre bleiben. West-Berlin, das war damals schon sehr cool. Da stand zum Beispiel auf der Speisekarte eines Kaffeehauses „Frühstück für harte Männer". Und woraus bestand dieses Frühstück? Aus einer Gitanes Zigarette (ohne Filter!) und einem doppelten Espresso. Echt cool eben. In West-Berlin gab es damals keine Wehrpflicht. Wer also in Westdeutschland (so hieß das ja damals) keinen Wehrdienst leisten wollte und sich auch nicht mit dem Zivildienst anfreunden konnte oder wollte, für den gab es immer noch eine Alternative: den Umzug nach West-Berlin. West-Berlin: eine Stadt der Verweigerer:innen. Eine Stadt mit einem Hauch von Rebellion und Freiheit. Gleichzeitig aber auch eine Stadt, die einen permanent daran erinnerte, was es bedeutet, eben nicht frei zu sein. Auf der einen Seite der geteilten Stadt Freiheit, Rebellion, Künstler:innen, Hausbesetzer:innen und Hedonist:innen jeder Couleur. Eine eingemauerte Stadt und gleichzeitig ein kreativer Schmelztiegel. Im Westen ging, was im Osten unmöglich war: spielen und laufen unmittelbar neben der Mauer – oder Graffiti sprühen gleich auf die Mauer drauf. Und auf der anderen Seite? Graue Patina und nervtötende Klassenkampfparolen statt bunter Autos und lauter Reklame. Dass es um den real existierenden Sozialismus nicht gut bestellt war, das konnte man nicht übersehen. Und ein Blick auf die Mauer und die befestigten Grenzanlagen führte vor Augen, was es bedeutet, wenn Europa nicht geeint ist, sondern wenn zwischen Staaten harte Grenzen errichtet werden und auf Menschen, die diese überwinden wollen, mit scharfer Munition geschossen wird. Das war für einen jungen Österreicher damals – so würde man in der Schweizer sagen – schon sehr eindrücklich.

Teil 2

Unvergessen, das ist für mich auch eine Reise nach Verdun. Weiße Kreuze soweit das Auge reicht. Ein Gang durch die unterirdischen Befestigungsanlagen: gespenstisch. Zum Einsatz kamen damals Waffen aller Art, Flammenwerfer, Giftgas und schwerste Artillerie. Rund 500 Millionen Granaten wurden in Verdun in nur zehn Monaten verschossen, bis die Schlacht im Dezember 1916 ohne einen Sieger zu Ende ging.

Vorher starben dort aber 305.000 Soldaten auf dem Schlachtfeld. Diese und andere Zahlen habe ich später in meinen Vorträgen in den USA immer wieder verwendet, um einem amerikanischen Publikum die Dimension und das Grauen des Ersten Weltkriegs aus europäischer Sicht zu schildern. Im Vietnamkrieg, den wir als Jugendliche ja alle aus zahlreichen Hollywood-Produktionen (von Platoon bis Rambo) „kannten", starben zwischen 1961 und 1975 rund 58.000 US-Soldaten. Bei einer einzigen Schlacht an der Somme am 1. Juli 1916 kam es innerhalb der ersten 24 Stunden zu insgesamt 69.070 Toten und Schwerverletzten ...

Besser als anhand von Verdun kann einem die Bedeutung des europäischen Einigungsprojektes gar nicht vor Augen geführt werden. Dass Deutsche und Franzosen so übereinander hergefallen sind, das ist doch völlig unglaublich. Vor hundert Jahren ist es aber passiert. Und noch mein Großvater hat den Ersten Weltkrieg als junger deutscher Soldat miterlebt. Gar nicht so weit weg, das Ganze also. Die Reise nach Verdun hat sich in meine Erinnerung eingegraben.

PERSÖNLICHKEITEN

Eine europäische Persönlichkeit, die mich in meiner Jugend beeindruckte, war der deutsche Bundeskanzler Helmut Schmidt. Warum ein deutscher Politiker? Mein Vater war Germanist und Universitätsprofessor an der Universität Salzburg, erst durch die Annahme der Professur erhielt er die österreichische Staatsbürgerschaft, seine beiden Eltern waren Deutsche, geboren war er in Landsberg am Lech. Er verfolgte daher auch Zeit seines Lebens die deutsche Innenpolitik sehr genau, allabendlich die Zeit im Bild und die deutsche Tagesschau anzuschauen war bei uns ein Familienritual. Ich kann natürlich in keiner Weise beanspruchen, auch nur im Entferntesten ein echter Helmut Schmidt Kenner zu sein. Aber was ich damals als Jugendlicher aus der Salzburger Distanz von Bundeskanzler Schmidt mitbekommen konnte, das hat mich beeindruckt.

Zum einen war da seine Wortgewandtheit, die ihm ja auch von seinen Gegnern den Spitznamen „Schmidt-Schnauze" eintrug. Und reden konnte Schmidt wirklich. Aber mehr als das, er wirkte auf mich einfach wie ein europäischer Staatsmann von Format. Jemand der sein Land auch in den schwierigsten Zeiten souverän lenken konnte. Das sahen wohl auch die Deutschen so: In einer Umfrage aus dem Jahr 2008 gaben vier von fünf Deutschen an, dass sie dem 90-jährigen Helmut Schmidt ihr Land bedenkenlos zur Regierung anvertrauen würden.

Und, vielleicht sogar noch wichtiger als seine Souveränität und Wortgewandtheit, er war für mich der Inbegriff eines Pragmatikers. Eines Politikers, der sich in Realismus und Nüchternheit auf das Wesentliche konzentrierte. Der Nato-Doppelbeschluss, der die USA in ein sicherheitspolitisches Konzept des Westens einband, war großteils sein Verdienst. Der Doppelbeschluss sah einerseits die Stationierung von Mittelstreckenraketen in Westeuropa vor – andererseits die Bereitschaft zu Verhandlungen mit dem Ziel beiderseitiger Abrüstung. Die Friedensbewegung war damals entsetzt, Schmidt wiederum brachte für sie nur Verständnislosigkeit auf. All das gepaart mit seinem unermüdlichen Einsatz für eine vertiefte europäische Integration und eine enge transatlantische Partnerschaft.

Schmidt wusste offenbar genau, dass die europäische Einheit, der Wohlstand europäischer BürgerInnen und die Rolle Europas in der Welt entscheidend davon abhängen würden, ob Krisen gemeinsam bewältigt und europäische und transatlantische Lösungen erarbeiten werden können. Und dann noch seine Zeit nach der Politik, die vielen Jahre als Herausgeber der Wochenzeitung „Die Zeit", die unzähligen Reden, Interviews, Artikel und mehr. In Amerika würde man sagen: „They don't make them like that anymore". Und sie hätten damit recht.

VISION

Hier muss ich jetzt vorsichtig sein. Denn dem von mir als „Persönlichkeit" angeführten Helmut Schmidt wird – ganz so wie Ex-Bundeskanzler Franz Vranitzky – die Aussage zugerechnet, dass diejenigen, die Visionen haben, am besten einen Arzt aufsuchen mögen. Vorsicht also bei großen Visionen. Und ganz ehrlich: Das, was wir heute an der Europäischen Union haben, das ist schon ziemlich gut. Natürlich, da gibt es noch viel Verbesserungsbedarf. Das Einstimmigkeitsprinzip kann und wird wohl nicht immer und überall eingehalten werden können; die Union muss erweitert werden; wir müssen bessere europäische Antworten auf die Migrationskrise finden; und wir müssen in Europa einander immer wieder zuzuhören, Ideen austauschen und gemeinsam Empfehlungen für die Zukunft formulieren. Aber, bei aller Kritik und bei allen Plänen für die Zukunft finde ich dennoch: Was wir erreicht haben, das ist schon sehr beeindruckend. Eine neue Währung einzuführen, die heute in 20 von 27 EU-Mitgliedstaaten gilt, ist alles andere als eine Kleinigkeit.

Die gemeinsamen Grenzen zu öffnen und damit praktisch dem eigenen Nachbarn zuzutrauen, dass er die Grenze für einen selbst gleich mitkontrollieren kann, das ist – bei allen aufgrund der Migrationskrise geltenden Einschränkungen dieses Prinzips – eine unglaubliche Errungenschaft.

Die Freiheit, als EU-Bürger:in überall in der EU leben, studieren und arbeiten zu können. 80 Jahre Frieden zwischen den EU-Mitgliedsstaaten. All das sind keine Selbstverständlichkeiten.

Mein Großvater, der im Jahr 1897 geboren wurde, hatte, noch bevor er sein fünfzigstes Lebensjahr erreichte, schon zwei Weltkriege miterlebt. Für ihn war Frankreich selbstverständlich der größte Gegenspieler und Widersacher Deutschlands. Kriege, in denen sich Deutsche und Franzosen in den Jahren 1870/71, 1914–1918, 1939–1945 feindlich gegenüberstanden. Kriege mit Millionen von Toten. Das klingt so fern und ist doch so nah. Deswegen kann ich persönlich auch auf große Visionen gerne verzichten.

Wenn es uns gelingen könnte, das, was wir und die Generationen vor uns in und für Europa erreicht haben, zu erhalten, dann wäre das schon ein großartiger Erfolg. Man soll sich natürlich nicht auf seinen Lorbeeren ausruhen – Pläne, Ziele und Visionen für ein noch größeres, noch erfolgreicheres, noch sicheres und noch gerechteres Europa muss es immer geben. Aber mir persönlich ist der Blick auf das Erreichte wichtig. Denn wenn wir unseren Großeltern erzählt hätten, wie ihr Europa einmal aussehen wird, dann hätten sie uns das kaum geglaubt. Ist heute ein Krieg zwischen Frankreich und Deutschland vorstellbar? Eben, ist er nicht. Und darüber sollte man sich ab und zu auch herzlich freuen.

ZUKUNFT

Seit ihrer Gründung in den 1950er Jahren hat sich die EU als wichtige und verlässliche globale Akteurin etabliert. Doch in den letzten Jahren haben sich die geopolitischen Herausforderungen teils dramatisch verändert.

1. Die USA: Die traditionelle, transatlantische Partnerschaft zwischen der EU und den USA steht auf dem Prüfstand. Der unter Präsident Donald Trump vorgenommene

Rückzug der USA aus internationalen Abkommen wie dem Pariser Klimaabkommen oder dem Iran-Atomabkommen, seine Kritik an der NATO und vieles andere mehr haben das transatlantische Vertrauensverhältnis erschüttert. Obwohl die Wahl von Joe Biden zum US-Präsidenten die transatlantischen Beziehungen verbessert hat, bleibt die EU aufgefordert, eine gemeinsame Außenpolitik zu entwickeln, die ihre ureigensten Interessen und Werte reflektiert und verteidigt.

2. **Russland:** Die Beziehungen zwischen der EU und Russland sind heute von Misstrauen geprägt. Der Angriff auf die Ukraine im Jahr 2022 wie schon die Annexion der Krim 2014 haben das Verhältnis auf einen historischen Tiefpunkt geführt. Die EU steht heute vor der Herausforderung, eine kohärente und wirksame Russlandpolitik zu entwickeln, die die Sicherheit ihrer Bürger:innen auch langfristig gewährleisten kann.

3. **China:** China ist zu einem globalen Akteur geworden, der wirtschaftlich und politisch kontinuierlich an Einfluss gewinnt. Die EU muss sich der Aufgabe stellen, eine ausgewogene Beziehung zu China zu entwickeln, die wirtschaftliche Chancen nutzt, aber auch die Menschenrechtsverletzungen und den wachsenden Einfluss Chinas auf europäische Märkte kritisch verfolgt.

Die kommenden Herausforderungen für die EU sind klar:

1. **Wettbewerbsfähigkeit:** Die EU droht in einigen wirtschaftlichen Bereichen den Anschluss zu verlieren. Sie ist nur teilweise in der Lage, mit den USA und China in Bezug auf technologische Innovation und digitale Transformation zu konkurrieren. Dies hat weitreichende Auswirkungen auf die globale Wettbewerbsfähigkeit der EU.

2. **Verschuldung und Haushalt:** Die Schuldenlast einiger EU-Mitgliedstaaten, insbesondere in Südeuropa, bleibt besorgniserregend. Dies stellt eine nicht zu vernachlässigende Belastung für die Wirtschafts- und Währungsunion dar.

3. Demografie: Die alternde Bevölkerung in vielen EU-Ländern birgt wirtschaftliche Risiken. Die steigenden Pensionsverpflichtungen und der Bedarf an Fachkräften könnten sogar die langfristige wirtschaftliche Stabilität Europas gefährden.

Die EU wird sich in Zukunft zunehmend auf Stärkung ihrer strategischen Autonomie konzentrieren müssen. Dies bedeutet unter anderem, in Technologie, Verteidigung und Handel zu investieren, um sich von anderen globalen Akteuren notfalls auch freispielen zu können.

Die Beziehungen vor allem zu China sind mit Bedacht zu gestalten. Das erfordert diplomatisches Geschick und die Fähigkeit, die eigenen Interessen beharrlich zu verteidigen, ohne dabei den Dialog zu blockieren.

Die EU muss sich den teils harten Realitäten (= ein imperiales und aggressives Russland, das Krieg als eine bloße Fortsetzung der Politik mit anderen Mitteln versteht; der anhaltenden Migrationskrise; einer drohenden Rezession etc.) stellen und die anstehenden Herausforderungen entschlossen angehen. Nur eine starke und handlungsfähige Union wird die Interessen und Werte der EU-Mitgliedstaaten und ihrer Bürger:innen auch in Zukunft wahren können.

Um der Wahrheit die Ehre zu geben: den obenstehenden Text hat – mit einigen kleineren von mir vorgenommenen Ergänzungen und Korrekturen – ChatGPT (in der Version 3.5) geschrieben. Hand aufs Herz – ist es Ihnen gleich aufgefallen? Aber wo wir doch gerade bei dem Thema Zukunft sind, wollte ich das einfach einmal ausprobieren. Und jetzt weiß ich aus eigener Erfahrung: Wer in Zukunft nicht mit ChatGPT umgehen kann, der hat den Zug verpasst. Das ist eine Herausforderung für jeden einzelnen von uns. Aber genauso auch für die gesamte Europäische Union!

Die Verfasser:innen

HERAUSGEBER + AUTOR

Dr. Helmut Brandstätter (* 1955, Wien), studierte Jura an der Universität Wien. Von 1982 bis 1997 beim ORF in Wien, Bonn und Brüssel als Redakteur, Korrespondent und Hauptabteilungsleiter Politik und Zeitgeschehen tätig. Danach Chefredakteur und Geschäftsführer bei n-tv, Berlin. Mitgründer und Geschäftsführer von PulsTV. Von 2010 bis 2018 Chefredakteur und von 2013 bis 2019 Herausgeber des KURIER. Seit 2019 Abgeordneter zum Nationalrat für die NEOS. Autor zahlreicher Bücher bei Kremayr & Scheriau.

AUTOR:INNEN

Dr. Hannes Androsch war von 1967 bis 1981 Abgeordneter zum Nationalrat, 1970 bis 1981 Finanzminister und ab 1976 Vizekanzler, Generaldirektor der CA und ist heute als Industrieller tätig. Gemäß seinem Selbstverständnis als Citoyen ist er vielfältig engagiert.

Prof. Dr. Christa Chorherr, geboren als Christa Lambacher 1935 in Wien, beruflich tätig in einer internationalen Organisation und einer Bank, hauptsächlich im IT-Sektor. Derzeit in Pension; tätig als Autorin (acht Bücher) und als Bloggerin: christachorherr.wordpress.com.

Dr. Vedran Džihić (*1976, Prijedor, Bosnien und Herzegowina) kam 1993 als Flüchtling nach Österreich. 2009 schloss er sein Doktorat in Politikwissenschaften an der Universität Wien ab, heute ist er Senior Researcher am oiip und Lektor an der Universität Wien, an der Universität für Angewandte Kunst und verschiedenen europäischen Universitäten. Zu seinen Forschungsschwerpunkten gehören Europäische Integration, Demokratisierungsprozesse, Protestbewegungen und Nationalismus. Leiter des Center of Advanced Studies Southeastern Europe an der Universität Rijeka, Berater verschiedener politischer Institutionen, Initiator verschiedener politischer und zivilgesellschaftlicher Initiativen. Er kommentiert regelmäßig in internationalen und nationalen Medien.

Koschka Hetzer-Molden, geboren in Hamburg, studierte am Max Reinhardt Seminar Schauspiel und Regie, sowie an der Universität Wien Theaterwissenschaften. Ab 1972 war sie als ORF-Kulturjournalistin und ORF-ZIB-Moderatorin tätig und arbeitete als freie Dokumentaristin für Fernsehen und Zeitungen.

Dr. Othmar Karas, M.B.L.-HSG (*1957, Ybbs/Donau) ist der Erste Vizepräsident des Europäischen Parlaments und seit 1999 Abgeordneter zum Europäischen Parlament. Seit 1998 ist Karas zudem Präsident des Hilfswerk Österreich. Außerdem ist er Gründer und Obmann des überparteilichen Vereins BürgerInnen Forum Europa.

Dr. Judith Kohlenberger (*1986, Eisenstadt) ist Kulturwissenschaftlerin und Migrationsforscherin am Institut für Sozialpolitik der WU Wien und am Österreichischen Institut für

Internationale Politik (oiip). Ihre Arbeiten zu Fluchtmigration, Integration und Zugehörigkeit wurden in internationalen Fachzeitschriften veröffentlicht und mit dem Kurt-Rothschild-Preis 2019 sowie dem Förderpreis der Stadt Wien ausgezeichnet. Sie ist im Integrationsrat der Stadt Wien tätig und engagiert sich als Gründungsmitglied von „COURAGE – Mut zur Menschlichkeit" für legale Fluchtwege.

Dr. Manfred Osten (*1938, Ludwigslust) ist Autor vor allem kulturwissenschaftlicher und kulturhistorischer Werke. Lange Zeit war er als Diplomat tätig (Fernosterfahrung), seitdem er 1969 nach seiner Promotion zum Dr. jur. in den Auswärtigen Dienst eintrat. Von 1995 bis 2004 war er Generalsekretär der Alexander-von-Humboldt-Stiftung.

Anna Pattermann, BA (* 1996, Khmelnitskyi) Ukrainerin, Europäerin, Aktivistin, Studentin der Politikwissenschaft an der Universität Wien und Vorsitzende des Vereins „Unlimited Democracy" zur Förderung der Demokratisierung.

Mag. Fari Ramic (*1992, Zwettl), ist seit seinem Abschluss des Studiums der Rechtswissenschaften an der Universität Wien (2018) als Jurist und Referent tätig, unter anderem in verschiedensten U-Ausschüssen (Eurofighter, Ibiza, ÖVP-Korruption).

Dr. Anna Schor-Tschudnowskaja, 1974 in Kiew (damals UdSSR) geboren, Diplom-Psychologin und Soziologin, promovierte in Soziologie zum gesellschaftlichen Wandel im postsowjetischen Russland. Russlandforschung blieb auch in den späteren Jahren einer ihrer Forschungsschwerpunkte. Derzeit ist sie Assistenz-Professorin an der Fakultät für Psychologie der Sigmund-Freud-Privatuniversität in Wien.

Primarius a.D. MR Dr. Timothy Smolka, 1938 in London geboren, in Wien Studium und Ausbildung zum Kinderarzt, bis zur Pension im Hanusch Krankenhaus. Tätigkeit u.a. für die Lauder-Chabad-Schule, das Maimonides-Zentrum und ESRA. 1989 Mitbegründer des Wiener Jüdischen Chors. 2003 Goldenes Ehrenzeichen für Verdienste um das Land Wien.

Anna Stürgkh, MA, MAIS (*1994, Wien) studierte Geschichte an der University of Cambridge sowie Advanced International Studies an der diplomatischen Akademie in Wien. Von 2016 bis 2022 war Stürgkh als Vorstandsmitglied und Vorsitzende der JUNOS – junge liberale NEOS aktiv. Heute arbeitet sie in der Personalentwicklung. Stürgkh ist 2023 Mutter einer Tochter geworden.

Mag. iur. Martin Weiss, LL.M. (Virginia) (*1962, Innsbruck) ist in Salzburg aufgewachsen und hat in Graz, Wien und den USA Jus studiert. Er ist 1990 in den österreichischen Diplomatischen Dienst eingetreten und war Generalkonsul in Los Angeles sowie Botschafter in Zypern, Israel und den USA. Seit 2022 leitet er das Salzburg Global Seminar, eine unabhängige nonprofit Organisation mit Sitz in Salzburg und Washington D.C.

Trotz der nicht durchgängig geschlechtergerechten Formverwendungen soll kein Gender ausgeschlossen sein. Der sowohl nonbinäre als auch binäre Gebrauch der Gender-Formen entspricht dem Sprachduktus der einzelnen Autor:innen.

www.kremayr-scheriau.at

ISBN 978-3-218-01418-2

Umschlag, Typografie und Satz: Silvia Wahrstätter, buchgestaltung.at
Cover-Fotos, v.o.n.u.: Chris Curry, Unsplash; Ian Sanderson, Unsplash; Urbazon Media, iStockphoto (Cover unten und Rückseite)
Projektleitung: Clara Schermer, vielseitig.co.at
Herstellung: vielseitig.co.at
Druck und Bindung: Florjančič tisk d.o.o., Maribor